浙江省社会科学界联合会研究课题"国际人才双元社会网络驱动
浙江省企业高质量发展的机制与路径研究"（2022N76）研究成果

绍兴文理学院科研项目"国际人才的技术创新效应研究：文化差异
视角"（2020SK003）研究成果

绍兴文理学院出版基金资助

李春浩 著

际人才
技术创新的影响

基于文化差异视角的研究

The Impact of International
Talents on Technological Innovation:

A Study Based on Cultural Difference Perspective

中国财经出版传媒集团
经济科学出版社
Economic Science Press

图书在版编目（CIP）数据

国际人才对技术创新的影响：基于文化差异视角的
研究/李春浩著 . -- 北京：经济科学出版社，2023.8

ISBN 978 - 7 - 5218 - 3823 - 7

Ⅰ.①国… Ⅱ.①李… Ⅲ.①人才引进 - 影响 - 技术
革新 - 研究 - 中国 Ⅳ.①C964.2②F124.3

中国版本图书馆 CIP 数据核字（2022）第 122468 号

责任编辑：杨 洋
责任校对：王京宁
责任印制：范 艳

国际人才对技术创新的影响
——基于文化差异视角的研究
李春浩 著
经济科学出版社出版、发行 新华书店经销
社址：北京市海淀区阜成路甲 28 号 邮编：100142
总编部电话：010 - 88191217 发行部电话：010 - 88191522
网址：www. esp. com. cn
电子邮箱：esp@ esp. com. cn
天猫网店：经济科学出版社旗舰店
网址：http://jjkxcbs. tmall. com
北京季蜂印刷有限公司印装
710 × 1000 16 开 16.75 印张 210000 字
2023 年 8 月第 1 版 2023 年 8 月第 1 次印刷
ISBN 978 - 7 - 5218 - 3823 - 7 定价：68.00 元
（图书出现印装问题，本社负责调换。电话：010 - 88191545）
（版权所有 侵权必究 打击盗版 举报热线：010 - 88191661
QQ：2242791300 营销中心电话：010 - 88191537
电子邮箱：dbts@ esp. com. cn）

前言

随着经济进入"新常态",创新驱动成为我国产业结构优化、市场活力释放、经济增长的关键动力之一。在综合实力和国际影响力提升的背景下,为了实现创新驱动战略和建设创新型国家,我国进一步完善了相关人才制度,这促进了大批量境外专家、海外留学人员和国外留学生等来华工作、交流或学习,使我国从日益扩大的人才跨国流动中受益。国际人才流动引起了国内外学者的关注,许多学者对国际人才的培养、流动动因以及其对技术创新、技术进步、国际贸易、经济增长等的影响进行了一系列研究,但较少从非正式制度的角度切入,如对文化差异、关系文化等隐性层面因素的考量较少,部分研究较为微观,忽略了群体之间的联合作用,系统性、深入性不足。

本书首先基于 Web of Science 和中国知网,利用 Citespace V 软件对国际人才领域的相关文献进行了可视化分析,揭示了国内外研究的热点与异同;分析了文化差异形成的影响因素及区域文化、文化距离、关系文化的影响机理;并结合已有文献对国际人才、文化差异、技术转移、技术创新等之间的相关研究进行了详细分析，发现了现有研究的不足，提出本书研究的主要问题和内容。本书主要以文化差异相关理论、人力资本理论、社会资本理论为基础，基于我国省（自治区、直辖市）各级数据和 GLOBE 文化模型数据，构建静态面板数据模型，采用 OLS–Robust 估计、工具变量法估计、稳健性检验、豪斯曼–泰勒估计等计量分析方法，通过基于文化差异视角的四个研究对国际人才与技术创新之间的关系进行较为系统的分析，分别揭示了文化距离、区域文化、关系文化、政商文化对国际人才与技术创新之间关系的影响。主要结论如下所示。

研究一检验了文化距离（文化差异程度）对国际人才与技术创新关系的影响，并揭示了技术转移的中介作用。结果表明，国际人才对技术创新具有显著正向影响，技术转移在国际人才与技术创新之间起部分中介作用。文化距离在国际人才、技术转移以及技术创新之间起显著调节作用，通过对 15 个国家（地区）采用 IV–2SLS 估计发现，文化距离（韩国、中国香港地区）显著负向调节国际人才与技术转移的关系，中国台湾地区则相反；英国、法国、俄罗斯、意大利等 9 个国家（地区）数据分析证实，文化距离显著正向调节国际人才与技术创新的关系；英国、法国、俄罗斯等 14 个国家（地区）数据分析证实，文化距离显著正向调节技术转移与技术创新的关系。

研究二分析了区域文化（GLOBE 文化维度）对国际人才与技术创新关系的影响，并分人才类别和国家（地区）进一步验证。结果表明，权力距离、人际关系导向均显著负向调节国际人才与技术创新之间的关系；不确定性规避、社会导向集体主义、特强性三者均显著正向调节国际人才与技术创新之间的关系。人才分类研究发现，对于技术创新，文教型国际人才、经济型国际人才均具有显著正向影响，长期型国际人才部分具有显著正向影响，短期型国际人才影响不显著。同时，四类国际人才中，不确定性规避、权力距离、社会导向集体主义的影响最为稳定，特强性次之，最后是人际关系导向。此外，未来导向（长期型国际人才、文教型国际人才）和性别平等（文教型国际人才）对国际人才与技术创新的关系起正向调节作用，绩效导向（文教型国际人才）起负向调节作用。通过对 13 个国家（地区）的研究也发现了类似规律，而小团体集体主义（韩国）起负向调节作用。

研究三探讨了关系文化（中国特色文化之一）对国际人才与技术创新关系的影响，以及社会信任的积极作用。结果表明，关系文化对技术创新具有显著负向影响，且负向调节国际人才与技术创新的关系，即关系文化越强，对国际人才的束缚力越强，阻碍了国际人才创新能力的发挥；社会信任对技术创新具有显著正向影响，并正向调节国际人才与技术创新的关系，即社会信任越强，越有利于国际人才创新能力的发挥；加入社会信任后，关系文化对技术创新的负向影响减弱，而且关系文化与社会信任的交互作用对技术创新产生正向影响。

研究四从微观层面分析中国政商文化——国际人才政治关系、关系投入以及国际人才个人特征对技术创新的影响。研究发现，国际人才政治关系对技术创新具有正向影响，关系投入则相反，且关系投入的负向影响更大；国际人才人力资本对技术创新具有正向影响，呼应前文研究；国际人才自信水平对技术创新具有正向影响，从心理特征角度揭示了国际人才自信水平越高，越有利于技术创新。

　　本书基于文化差异视角比较系统地、深入地分析了国际人才与技术创新的关系，构建了一个较为新颖的国际人才与技术创新的综合分析框架，为国际人才领域的研究提供了新的视角，丰富了技术创新前因领域、国际人才领域、文化差异领域、社会资本领域等的研究内容。同时，在实践上具有启发意义，一方面政府可以构建规范化人才管理体系、人才分类引才、推动来华留学生在华学习和工作等以提高中国国际人才量；另一方面政府可以树立文化自信、去除文化糟粕，促进多元文化融合，提高社会信任水平等以提高中国文化的积极作用。

目录

第1章

绪　　论

■ 1.1　选题背景

1.1.1　现实背景

技术创新是国家和地区经济发展的动力源泉，随着全球化的发展和知识经济的深入，与自然资源禀赋相比，技术创新的地位更加突出。尤其是我国经济已经处于"新常态"阶段，创新驱动成为增强市场活力、优化产业结构、促进经济增长的核心动力之一，技术创新的重要性不言而喻。为了建设创新型国家，我国于2012年提出创新驱动发展战略，并于2015年明确提出"大众创业、万众创新"，这些政策对我国技术创新的发展起到重要推动作用。技术创新是指技术产品的开始、演进和开发过程（More，1985），更依赖于人的能动性，所以人才更为关键。尤其是在知识经济时代，人才已经成为最为核心的生产力。因此，全球范围内人才争夺战日趋激烈，导致人才跨国流动已经成为常态。据《世界移民报告 2018》显示，世界范围内已有约 2.44 亿人的移民，约占世界人口的 3.3%，其中72%处于 20～64 岁的年龄段，成为推动流入国（地区）经济发展和技术进步的核心力量之一①。人才跨国流动经历了人才外流—人才回流—人才环流三个阶段，随着中国综合实力的提高和国际影响力的提升，中国目前已经进入人才回流阶段，并兼有人才环流，由此从日益扩大的人才国际化流动中受益。

为了推动国际人才来华工作，中国进一步完善已有人才制度，如"千人计划"、外国人来华工作许可制度和《外国人才签证制度实施办法》等，由此吸引了很多国际人才进入中国工作。2015 年，境外来中国工作专家达 62.35 万人次，与 2008 年相比增长了 39.8%；2016 年，中国海外留学回国人员达到 43.25 万人，回国率达 79.43%，远高于 2008 年的 38.54%。据 2017 年"魅力中国——外籍人才眼中最具吸引力的中国城市"评选结果表明，18～29 岁、30～39 岁、40～49 岁、50～59 岁计划在中国生活 5 年以上的外籍人才占比分别为 22.7%、34.9%、51.2%、57.6%（李艺雯，2018），这些年龄段的外籍人才均处于劳动适龄人口范围内，且年龄越大越愿意在中国生活工作，从而对中国经济发展产生重要

---

① 联合国国际移民组织（IOM）与全球化智库（CCG）：《世界移民报告 2018》，全球化智库，2018 年 5 月 8 日。

影响。综上可知，国际人才已经成为中国人才的重要组成部分，由
于国际人才具有技术知识、社会网络、学历、国际化视野等方面
的比较优势，从而更能够通过人力资本效应、网络效应、知识溢
出效应推动中国的经济增长和技术进步（李平和许家云，2011）。
由此可见，国际人才正逐渐成为中国经济发展以及技术进步的主
力之一。

面临与本国或地区不同的风俗习惯、行为规范、价值观念，国
际人才容易产生文化休克等心理疾病，即跨文化适应问题。据汇丰
银行发布的《Expat Explorer report 2017》显示，在最受欢迎的移民
国家和地区排行榜中，中国在 46 个国家中居于 46 位，其中经济方
面占 19 位，但在经验方面、家庭方面处于较低水平，分别居于第
46 位和 44 位。其中经济方面的生活—家庭平衡和经验方面的社交、
卫生保健、文化适应、生活质量，以及家庭方面的伴侣关系、生活
质量等都处于较低水平。而海归类国际人才面临着"逆文化冲击"，
在社交、择业、生活方式等方面表现出"水土不服"（于晓萍和常
研，2016）。由此可见，国际人才流入中国以后必然面临着跨文化
适应问题，当文化差异过大时，可能引起文化冲突和摩擦（Chen，
Kirkman & Kim et al.，2010），如果无法适应，将导致国际人才消
极工作，难以有效实现知识转移或技术创新（Black，Mendenhall &
Oddou，1991；Chang & Smale，2013）。但不同文化背景下人才思
想的碰撞，也可能促进新想法、新观点的产生，有利于知识互补和
创新氛围的形成，从而有利于技术创新（Simonton，1996；Leung &
Chiu，2008；Morris & Leung，2010）。因此，基于文化差异视角对
国际人才进行研究具有积极的现实意义。

1.1.2 研究背景

国际人才跨国流动引起了许多学者的关注，但以"国际人才""人才跨国流动""技术创新"等为关键词，通过 Wcb of science 和中国知网等数据库进行检索发现，相关研究还比较少，大多集中于人才的培养、双语教学等，虽然有部分涉及知识溢出、创新创业，但缺乏系统性、全面性、深入性。

目前国内外一些学者已经以海归、外派人员为研究对象进行了有益的探讨，可以加以借鉴，一方面从宏观层面如人力资本、社会网络、知识溢出等角度探讨了海归、国际移民等对技术创新的影响（Le，2008；Kerr，2014；杨河清和陈怡安，2013），另一方面从微观层面对外派人员、外籍人员知识转移、任务绩效等受到文化差异影响进行了较为丰富的研究（Chang，Gong & Peng，2012；Burns & Mohapatra，2008）。但存在以下问题：一是微观层面的研究大多基于个体层面和组织层面展开，忽略了人际互动的群体相互之间的影响和联合作用，同时没有突出文化的多样性、差异性，而且较少涉及技术创新方面的问题；二是宏观层面的研究较少涉及文化差异、区域文化等非正式制度方面的问题，大多以定性分析为主，很少将国际人才、文化差异、技术创新三者结合进行研究，同时有关国际人才与技术创新之间中介机制的研究还较为少见；三是由于区域层面的文化数据难以获得，大多数基于国家层面进行文化方面的研究。此外，大多研究依赖于霍夫斯泰德（Hofstede）的文化维度模型，或者只探讨其中某个维度与知识转移、技术创新的关系，而霍夫斯泰德的文化维度模型由于数据来源于同一公司、数据陈旧等多方面原因受到学者批评；四是中国疆域辽阔，因为自然地理环境、历史传承、宗教信仰、方言多样性和经济发展不平衡等，中国区域文化具有多样性，作为外来工作群体，国际人才来华受到与母国在文化方面存在差异的中国多样性文化的影响，文化冲突问题比较明显，但国内在此方面的相关研究较少，大多以定性分析为主。同时，社会关系文化与儒家文化密切相关，体现了中国人际交往的规则，深深嵌入了中国社会、经济、生活中，这必将影响国际人才技术创新效应的发挥，但相关研究还较少。因此，基于文化差异视角深入分析国际人才对技术创新的影响，可以有效弥补已有研究的不足。

1.2 问题提出

通过以上分析发现，基于文化差异视角深入探讨国际人才与技术创新的关系具有积极的现实意义和理论意义。本书研究的主要问题有以下几个方面。

第一，每年有许多国际人才从美国、日本、韩国、加拿大、英国、法国等国家（地区）来华工作，据《境外来中国大陆工作专家统计调查资料汇编》（2014~2015）统计，2015年国际人才总量已经达到62.35万人次，相比2001年增加了78.15%。大量国际人才来华工作是否有利于中国区域技术创新？其影响路径是怎样的？技术转移在国际人才与技术创新之间是否起中介作用？同时，美国、日本、韩国等国家（地区）与中国各省份存在的文化距离不同，来源于不同国家（地区）的国际人才对技术创新的作用是否受到文化距离的影响？如果该影响存在，是积极还是消极？

第二，作为在华工作的外来群体，国际人才母国与中国各省份在文化方面存在较大的差异，从而使国际人才来华工作受到多样性异域文化的影响。因此，需要对不同类型的文化加以区别，如不确定性规避、未来导向、权力距离、社会导向集体主义、人际关系导向、绩效导向、小团体集体主义、性别平等、恃强性等不同维度的文化如何影响国际人才与技术创新之间的关系？不同类型的国际人才和不同国家（地区）的国际人才受到各类文化维度的影响是否不同？

第三，关系文化与儒家文化密切相关，是儒家文化在中国社会文化中的鲜明体现。作为中国特色文化之一，关系文化与国际人才母国（美国、英国、法国、日本等）的文化存在较大差异，它是否有利于技术创新，以及如何影响国际人才与技术创新的关系？在此基础上，是否有其他因素如社会信任可以强化或弱化关系文化的影响？

第四，基于个人层面，国际人才如何受到政治关系（政商文化）的影响，以及如何更好地应对，更有利于提高企业或个人创新效果？

根据上述问题的提出，本书基于文化差异视角通过四个研究深入分析文化距离（文化差异程度）、区域文化（GLOBE文化维度）、关系文化（中国特色文化之一）、政治关系（政商文化）分别对国际人才与技术创新的关系的影响，不仅为我国引才引智政策的完善和国际人才技术创新效应的改善提供了参考，也有助于弥补现有研究的不足。

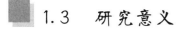 1.3 研究意义

1.3.1 理论意义

第一，以国际人才为研究对象，分析国际人才对技术创新的影响。目前，国内外有关人才跨国流动、技术创新的研究还不够完善，虽然有些学者已经以海归、外派人员为研究对象进行了有益的探索，但研究内容还不够丰富和深入，在理论分析和实证检验方面需要深化和完善。本书在对已有文献综述的基础上，综合人才学领域、劳动经济学领域、宏观经济学领域等多学科视角，深入分析国际人才、文化差异、区域文化、技术转移、技术创新等之间的关系，弥补已有研究的不足。

第二，明确了国际人才对技术创新影响的中介机制和边界条件。以往研究大多分析国际人才与知识溢出、技术进步、创新投入等的直接作用，以及与其他变量的交互作用，而忽略了技术转移的中介作用，尤其是文化距离对国际人才的影响没有得到充分重视。本书研究通过计量模型分析技术转移的中介作用和文化距离的调节作用，并考察了不同国家（地区）国际人才所受到文化距离的影响，扩展了有关国际人才与技术创新的研究内容。

第三，基于 GLOBE 文化模型，具体分析了不确定性规避、未来导向、权力距离、社会导向集体主义、人际关系导向、绩效导向、小团体集体主义、性别平等、特强性九大文化维度对国际人才与技术创新关系的影响，并考察不同类型的国际人才和不同国家（地区）的国际人才所受到影响的差异。以往研究大多基于霍夫斯泰德的文化维度模型从国家层面分析文化各维度或单维度对创新的作用，而较少涉及国际人才与国家内部区域文化相结合来研究区域文化的作用，该研究突出了中国区域层面文化的多样性以及文化之间的差异性，丰富和深化了国际人才与技术创新之间关系的研究。

第四，明确了社会关系文化的作用，社会关系文化与儒家文化密切相关，是中国特色文化现象之一。以往大多基于霍夫斯泰德的文化维度模型、GLOBE 文化模型等进行相关研究，各类文化模型大多是基于西方情境下的研究成果，可能无法有效体现中国的情境下文化特征。该研究揭示了中国特色文化的影响以及社会信任的积极作用，丰富了国际人才领域、关系文化领域、技术创新前因领域的研究内容。

第五，从微观层面出发，国际人才个人如何受到文化差异的影响，以及哪些特征更有利于技术创新，成为研究者关注的重点之一。在已有研究基础上，本部分一方面分析国际人才政治关系、关系投入等对技术创新的影响，以此发现文化差异对国际人才的影响；另一方面分析国际人才自信水平、人力资本等的积极影响，为国际人才应对文化差异的不利影响提供应对措施，丰富了国际人才社会关系研究的内容。

1.3.2 实践意义

第一，引才引智理论完善的需求。我国有关国际人才引进的政策不断改善，为国际人才营造了良好的政务环境、工作环境和生活环境，由此吸引了大量国际人才来华工作，国际人才已经成为中国人才不可或缺的一部分。但有关国际人才对我国经济发展和技术进步影响的研究还较少，本书研究有利于对已有人才政策的实施进行有效检验、评估，为引才引智政策的调整和完善提供必要的参考。

第二，国际人才流入中国，面临着跨文化适应的问题，如何扩大文化方面的有利影响或降低其不利影响，成为地方政府需要解决的问题之一。本书分析文化距离、区域文化、关系文化对国际人才技术创新效应的积极影响或消极影响，同时分析技术转移的中介作用以及社会信任的积极作用，不仅与中国建设国际化大都市、提出"八项规定"、倡导良好习俗等实践相符，而且为国家和省市引才引智、国际人才培养以及文化环境改善提供了理论参考。

第三，对国际人才而言，人才跨国流动有利于实现个人人生价值和扩展个人职业生涯边界，但国际人才如何受到政治关系、关系投入的影响以及如何应对这种影响成为国际人才面临的问题之一。本书从政治关系、关系投入、自信水平、人力资本等角度进行分析，有利于提高国际人才创新水平和指导个人职业发展。

1.4　研究内容与方法

1.4.1　研究内容

本书以国际人才为研究对象，基于文化差异视角深入分析了国际人才与技术创新的关系，首先，揭示了技术转移在国际人才与技术创新之间的中介作用，并分析了文化距离在国际人才、技术转移与技术创新之间的调节作用，以期从整体上了解文化差异的作用。其次，基于 GLOBE 文化模型，从九大文化维度详细分析了区域文化对国际人才与技术创新之间关系的影响，并通过不同人才类别和不同国家（地区）加以检验，以反映文化的多样性、差异性。最后，从中国情境出发，分析中国特色文化之一——关系文化对国际人才技术创新效应的影响以及社会信任在其中的积极作用，突出中国特色文化的作用，深化文化影响的研究。具体而言，本书主要包含如下四个研究。

1. 文化距离、国际人才与技术创新

因为经济发展、政治体制、宗教体系和地理位置等的不同，导致不同国家（地区）之间在文化方面存在差异，从而使国际人才具有本国特有的文化属性。文化会影响国际人才的心理和思维方式、行为习惯（Pavett & Morris, 1995），导致来自不同国家（地区）的人才在沟通时会依据自身的思维方式去解读。因此，文化距离的存

在会引起认识上的错位，引发人际关系紧张、管理无效、沟通失败、交易中止等文化冲突，由此阻碍知识共享意愿和知识转移能力的发挥（Voelpel & Han，2005）。但文化距离的存在也可以增强国际人才对异域文化的好奇心，强化其人际交流互动、新鲜事物接触的意愿，促进知识分享，有利于产生新颖的和有用的想法（Morosini，Shane & Singh，1998；Nielsen & Gudergan，2012），形成创新型文化氛围。因此，研究一主要考察技术转移的中介作用，在一定程度上揭示国际人才对技术创新影响的内在机制；另外探究文化距离对国际人才、技术转移与技术创新关系的影响以及不同国家（地区）国际人才受到的影响是否存在差别。

2. 区域文化、国际人才与技术创新

在华工作的国际人才属于外来群体，其母国与中国各省区市由于文化不同而存在差异，使国际人才来华工作受到多样性异域文化的影响。根据 GLOBE 文化模型，可以将文化分为不确定性规避、未来导向、权力距离、社会导向集体主义、人际关系导向、绩效导向、小团体集体主义、性别平等、恃强性九大维度。面对中国各地不同维度的区域文化，国际人才受到的影响也有所不同，如权力距离扼杀创造力、阻碍交流与沟通、降低冒险的可能性，不利于国际人才创新效应的发挥；但未来导向鼓励分工与协作、倡导拥抱变化，有利于增强国际人才的创新意愿。因此，为了突出文化的多样性、差异性，研究二基于 GLOBE 文化模型，具体分析九大维度的文化对国际人才技术创新的影响，考察不同类型的国际人才和不同国家（地区）的国际人才所受到影响的差异，对研究一进一步深化。

3. 社会关系文化、国际人才与技术创新

儒家文化深深地烙印在中国文化的深层观念中，对中国的影响深远。作为中国特色文化代表之一，社会关系文化与儒家文化密切相关，其核心与手段分别来自儒家文化中"仁""礼"（庄贵军，2012），成为儒家文化在中国社会文化中的鲜明体现，而且社会关系作为描述中国特色文化的本土概念之一，受到国内外学者认可。为了分析国际人才如何受到与母国文化存在差异的中国特色文化的影响，研究三以社会关系文化为基础对国际人才与技术创新的关系进行研究，以突出中国特色文化的作用。同时，研究三还探讨了社会信任对社会关系文化改善的积极作用。

4. 国际人才政治关系、自信水平与技术创新

面对与自身知识结构和行为规范不同的文化背景，国际人才如何受到当地文化的束缚以及如何应对其负面影响，以提高个人工作绩效、技术创新能力，从而实现自我价值，成为学者关注的重点内容之一。许多学者从微观角度，如语言能力、协调能力、工作经验、当地人员发展关系的能力、知识位势、个性特征、文化智力等诸多方面对国际人才跨文化适应、知识转移等进行了探讨（Oddou, Szkudlarek & Osland et al. , 2013；Choi & Johanson, 2012；朱晋伟和胡万梅，2015）。但鲜有研究分析国际人才个性特征、政治关系、自信水平等对其创造力、技术创新的影响，大多还是集中于跨文化适应、知识转移等方面的研究。因此，在已有研究基础上，本部分主要研究国际人才政治关系、关系投入、自信水平和人力资本对其企业技术创新的影响。

1.4.2 全书结构

根据以上主要研究内容，将本书分为六个章节，各章节具体内容和安排如下。

第 1 章：绪论。本章主要介绍本书选题背景（现实背景和研究背景），明确研究问题，分析研究意义（理论意义和实践意义），构建研究内容、逻辑框架、研究方法与技术路线，说明研究特色与创新。

第 2 章：文献综述和理论基础。本章基于 Web of science 和中国知网等数据库搜索与本书研究相关的文献，一方面利用 Citespace 软件对文献进行可视化分析，并进行阅读、梳理和评价，发现已有研究的热点、进展与不足；另一方面根据本书研究的核心内容，对国际人才、区域文化、文化差异、文化距离、技术转移、技术创新等概念进行界定及对其相关研究进行分析，为研究提供理论基础；同时，对与本书相关的理论进行回顾，包括人力资本理论、社会资本理论等。

第 3 章：研究一：文化距离、国际人才与技术创新。不同国家（地区）与中国各省份存在文化距离，从而对国际人才与技术创新关系产生影响。本章以国际人才为研究对象，基于 30 个省（自治区、直辖市）构建静态面板数据模型，通过多元回归分析、工具变量法估计、稳健性检验等一方面检验技术转移在国际人才与技术创新之间的中介作用；另一方面检验文化距离对国际人才、技术转移与技术创新关系的影响以及分 15 个国家（地区）探究该影响结果的差别。

第4章：研究二：区域文化、国际人才与技术创新。作为外来工作群体，国际人才受到与母国在文化方面存在差异的中国区域多样化文化的影响。为了突出文化的多样性、差异性，本章基于30个省（自治区、直辖市）相关数据构建静态面板数据模型，利用豪斯曼－泰勒估计方法（即HTM），基于GLOBE文化模型分析不同类型的文化对国际人才与技术创新关系的影响，考察不同类型的国际人才和不同国家（地区）的国际人才所受到影响的差异。

第5章：研究三：关系文化、国际人才与技术创新。作为中国特色文化之一，社会关系文化与儒家文化密切相关，对中国社会、经济、生活影响深远，是描述中国特色文化的本土概念之一。来华工作的国际人才必然会受到与其母国文化存在差异的关系文化的影响，为了突出中国特色文化的作用和深化文化影响的研究，本章基于30个省（自治区、直辖市）相关数据构建静态面板数据模型，分析关系文化对国际人才技术创新效应的影响，并探讨社会信任的积极作用。

第6章：研究四：政治关系、关系投入与技术创新。本章基于"中国私营企业调查"数据构建截面数据模型，从微观角度研究经济型国际人才关系网络、个人特征等如何影响其企业技术创新水平，主要涉及政治关系、关系投入、自信水平、人力资本等，从而从微观角度分析国际人才个人如何受到中国本土文化的影响，以及如何应对，与第3章、第4章、第5章交相呼应，并进一步深化。

第 7 章：结论与展望。本章主要对前文研究的结果进行汇总，点明本书研究贡献，并从引才与育才、文化环境改善、人才自我完善三大方面提出多条具体的建议和对策。同时，指出本书的研究局限性以及未来可能的研究内容。

1.4.3 逻辑框架

根据研究问题和核心内容，本书基于文化差异视角将研究重点分为四个部分，包括文化距离、国际人才与技术创新；区域文化、国际人才与技术创新；关系文化、国际人才与技术创新；政治关系、关系投入与技术创新。其中，文化距离是以 GLOBE 文化模型为基础对国际人才母国与中国各省区市在文化方面存在差异程度的综合测量，从整体上反映了不同国家（地区）与中国各省区市之间文化方面的差异对国际人才的影响；区域文化是以 GLOBE 文化模型为基础对文化的划分，包括不确定性规避、未来导向、权力距离、社会导向集体主义、人际关系导向、绩效导向、小团体集体主义、性别平等、恃强性九个维度，具体反映国际人才在华工作受到与母国文化存在差异的中国各维度文化的影响；关系文化是中国特色文化之一，不仅是中国儒家文化的鲜明体现，而且是中国情境下解释中国人价值观、行为方式的恰当概念之一，受到国内外学者的广泛认可。关系文化已经深入中国经济、社会、生活等方方面面，具有较强约束力，国际人才来华工作必然会受到与母国人际关系导向存在较大差异的具有中国特色的关系文化的影响；政治关系是关系文化在微观层面上的体现，从社会资本的角度出发，有利于获得政策、资金、人才等资源的支持，构建信任关系，降低外部环境的威胁。

因此，文化距离、区域文化及关系文化影响国际人才与技术创新之间关系的机制如下（详见第 2.3 章节）：一是文化距离的影响机制，可以分为五点：（1）文化距离通过影响人的心理、思维方式影响人的行为，面对与母国不同的文化环境，国际人才会产生好奇心、思维碰撞，进而促进创造性想法的产生；（2）文化距离是互补性的来源，如不同国家（地区）的工作方式、管理程序、产品观念等知识存在差异，使得国内外人才交流沟通获得相应的知识，有助于知识结构、知识存量的产生；（3）文化距离有利于形成多样性文化，促进多元文化氛围的形成，有利于人才流动、人才吸引以及知识共享、技能外溢等；（4）文化距离过大，会增强交流的障碍和对对方行为、观点理解的难度，提高交流的成本，导致不信任、文化冲突，抑制信息流动和知识传播；（5）文化距离过大，不利于国际人才跨文化适应，有可能过早离开中国无法发挥其价值，或者提高其社会化、跨文化合作的压力，降低其知识学习和知识分享的意愿。

二是区域文化的影响机制（以权力距离维度为例）：权力距离过大，则会产生三方面影响：（1）组织结构呈现出层级式、集权式，不利于上下级交流和批判精神、怀疑精神的形成，扼杀成员创造力；（2）组织缺乏灵活性，阻碍交流与沟通，不利于形成信任开放、自主灵活的创新氛围；（3）降低既得利益者冒险创新的可能性，以避免投资损失。

三是关系文化的影响机制分为三个方面：（1）不利于国际人才

与国内人员信任关系的建立，难以有效展开合作；（2）阻碍国际人才跨文化适应，削弱交流沟通、思想碰撞与知识分享意愿；（3）保守性强，不易接受国际人才的观点，阻碍知识吸收。

四是政治关系的影响机制分为三个方面：（1）有利于资源的获取；（2）促进信任关系构建；（3）提供非正式保护，降低外部风险。

本书逻辑框架如图1-1所示。

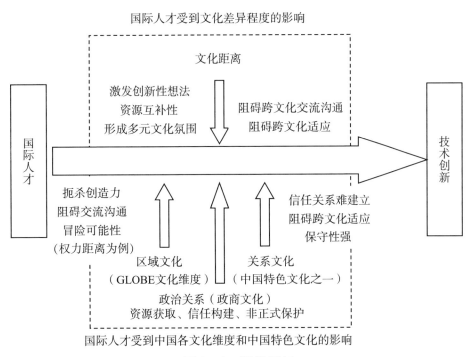

图1-1 逻辑框架

1.4.4   研究方法

1. 规范分析方法

本书搜集与研究相关的文献进行分析和评述，涉及国际人才、技术创新、技术转移、区域文化、文化差异、关系文化等诸多方面的文献，主要对国际人才、技术转移、区域文化、文化差异、关系文化、技术创新等国内外研究现状进行分析并评述，从而为本书研究问题和研究假设的提出、结论与讨论奠定基础。

2. 计量分析方法

本书首先利用 CiteSpace 软件采用共词分析方法、聚类分析方法对国际人才相关的文献进行计量分析，通过梳理和归纳挖掘研究热点。

研究一、研究三构建静态面板数据模型，利用 stata14.0 进行描述性统计分析、相关性分析、多元回归分析、非参数检验等，同时利用工具变量法进行检验。研究二中由于存在不随时间变化的区域文化变量，因此采用豪斯曼－泰勒估计方法（即 HTM）进行分析，有助于解决内生性问题。研究四则构建截面数据模型进行估计。

1.4.5   技术路线

本书研究路线为：研究背景分析——聚焦研究问题和构建研究框架——理论分析——提出研究假设——确定研究模型、方法、数据搜集与整理——假设检验——结果分析——结论、启示、不足与展望，具体技术路线如图1-2所示。

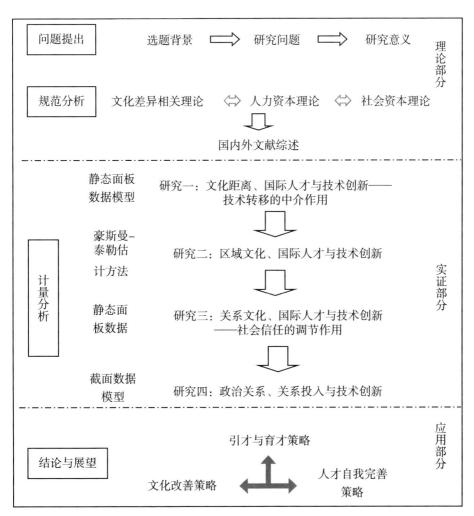

图1-2 技术路线

1.5 研究特色和创新

1.5.1 研究特色

本书研究特色主要有两点：一方面研究内容与我国发展前沿紧密联系。大量境外专家、海外留学归国人员、留学生来华工作和学习，对中国经济和技术进步产生重要影响。国际人才已经成为中国人才队伍不可或缺的一部分。同时，中共中央提出"八项规定"，反腐倡廉，规范干部作风，引导社会良好的风气发展，而且实施创新驱动发展战略和建设创新型国家。因此，本书研究契合实际，有利于为国际人才的管理和文化环境的改善提供理论参考，从而对中国区域技术创新产生影响。另一方面研究内容逐步深化和拓展，基于文化差异视角深入分析文化距离（文化差异程度）、区域文化（GLOBE 文化维度）、关系文化（中国特色文化之一）、政治关系（政商文化）对国际人才与技术创新关系的影响。视角较为新颖，研究内容更为饱满，研究结果更令人信服。

1.5.2 研究创新

在充分归纳和借鉴国内外已有研究的基础上，本书基于文化差异视角对国际人才与技术创新的关系进行了系统的理论分析和实证检验，由此丰富和深化了以往的研究内容，可能的创新点包括以下几个方面。

第一，验证了国际人才对技术创新影响的中介机制和边界条件。本书研究发现技术转移在国际人才与技术创新之间起中介作用，一定程度揭示了国际人才对技术创新影响的内在机制，丰富了国际人才与技术创新之间中介机制的研究，弥补了以往基于不同角度和不同数据类型直接检验国际人才与技术创新关系研究的不足。同时，作为外来工作群体，国际人才母国文化与中国各省份在文化方面存在较大的差异。因此，国际人才作用的发挥必然会受到影响，通过分析文化距离（文化差异程度）对国际人才、技术转移与技术创新关系的影响，并分国家（地区）加以检验，弥补了已有主要关注于"显性的"或"正式制度"层面因素研究的不足。

第二，基于 GLOBE 文化模型，具体分析了九大文化维度对国际人才与技术创新关系的影响，并考察不同类型的国际人才和不同国家（地区）的国际人才所受到影响的差异。作为在华工作的外来群体，国际人才母国与中国各省份在文化方面存在显著差异，从而导致国际人才来华工作受到多样性异域文化的影响。本书研究验证了国际人才对技术创新的作用受到各地不同维度文化的影响，而且影响结果存在差异，从而弥补了大多数仅依靠霍夫斯泰德的文化模型，或者只探讨其中某个维度研究以及集中于国家层面而非一国之内区域层面研究的不足。

第三，关系文化与儒家文化密切相关，而且是描述中国特色文化的本土概念之一，受到国内外学者认可。作为中国特色文化之一，关系文化深深嵌入中国的社会、经济、生活中，来华工作的国际人才必然受到影响，但相关研究较少。通过构建关系文化影响国际人才与技术创新关系的宏观分析框架，验证了关系文化对国际人才的束缚以及社会信任在其中的积极作用，由此突出了中国特色文化的作用，深化了文化影响的研究，丰富了非制度领域和技术创新前因方面的研究内容。

第四，从微观角度分析国际人才政治关系、自信水平等的积极影响以及关系投入的消极影响，扩展了以往有关国际人才社会网络、吸收能力等方面的研究。

第2章

文献综述和理论基础

2.1 国际人才

2.1.1 概念界定

移民浪潮现象的产生促进了人才跨国流动，经济全球化以及互联网的快速发展，进一步加快了人才的跨国流动，由此促进了国际人才的诞生。国际人才跨国流动最早体现为"人才流失"，人才流失是指受过高等教育的人力资本从一国流向另一国或者是在异国学习、训练而到另一国居住、工作的高技能者（Grubel & Scott，1968；Kanbur & Rapoport，2003）。随后，出现了人才回流、人才环流（朱军文和李奕嬴，2016）。在国内，"上海'构筑国际人才资源高地'"建设理念的提出，使国际人才的研究受到学者的重视。姚卓、罗瑾琏（2003）认为国际人才是指学历高、专业知识丰富、创新能力和跨文化交流能力强、通晓国际通行规则和现代管理理念的个人。王通讯（2007）认为国际化人才涵盖领域广，如经济、军事、政治等，主要体现在素质方面，可以在国际上起到重要作用的人才。丁进（2010）认为国际人才是指具备在国际工作的能力、知识与技能，并对经济全球化的发展做出贡献的人才。国际人才的主要特征可以分为六个方面，即视野和思维方式全球化；及时快速掌握国际前沿技术、知识、信息等；创新能力强；国际化运营和管理能力强；具备较强的跨文化交流与合作能力；具有海外经验，包括学习与工作。或者可以将国际人才的特征归为三种，即国际化意识、国际化能力和国际化工作经验。

国际人才一般包括五大类，一是境外专家和专业技术人员，二是海归人员，三是外派专业技术人员（含劳务跨国输出和交流），四是外企工作的专业技术人员，五是其他人员（吴从环，2002）。姚卓、罗瑾琏（2003）则认为除了外籍类、外企高层类、外国机构雇员类，还包括活动类（国际展览馆、国际性学术交流等参与者）、贸易类（进出口从业人员）。戴长征、王海滨（2009）则将国际人才归为三类：直接性生产人才（工程师、科技创新人才、企业家等）、专业人才（科学家、学者及留学生等）、社会科学及文教型国际人才（医师及护士、作家等）。

目前，有关国际人才的定义还未统一，但以上学者的研究为本书奠定了基础。基于此，本书将国际人才定义为具有国际化视野、国际化思维以及国际工作所需要的知识、技能、能力的人才。为了明确研究对象及数据统计口径一致，根据《境外来中国大陆工作专家统计调查资料汇编》（2014～2015），本书中将国际人才的可操作性定义设为来华工作的境外专家，是指由中国境内组织（不包括境内国际组织）所聘用的港澳台及外国专家。境外专家大部分属于企业负责人、高级管理（技术）人员、教学科研人员等，具有高素质、高技能、高学历等特点。根据行业属性，可将境外专家分为两类，一是经济专家（研究二中经济型国际人才），是指参与大型项目建设、在外商投资企业中从事生产经营管理活动等的境外专家，一般要具有其中条件之一：学历在大学及以上或职称达到工程师及以上、具有专门或特殊技能、处于部门经理及以上岗位。二是文教专家（研究二中文教型国际人才），是指从事教育、科研、文化、娱乐等行业的境外专家，一般要求学历在大学及以上、工作经验达到两年以上。

由此可见，国际人才操作性定义体现了国际人才具有高素质、高能力、高学历的特点，且具有国际化方面的意识、能力和工作经验。因此，本书研究主要采用境外专家作为国际人才的替代指标。

2.1.2　国际人才研究可视化分析

科学知识图谱能够实现信息可视化，精确地对知识进行展示。UCNET、SPSS、CiteSpace 等软件的开发使科学知识图谱的绘制更为便捷，有助于快速地获得相关领域的研究热点、知识基础。目前，学者们常采用由陈超美博士团队开发的 CiteSpace 软件进行文献计量分析，该软件可以实现共词分析、共引分析、聚类分析等，对文献进行数据挖掘。因此，采用该软件对国际人才进行文献计量分析。

国际人才研究可视化分析的外文数据来源于 Web of Science，选取 social sciences citation index 数据库，文献类型为 Article，时间范围为 2004～2018 年，跨度为 15 年，检索主题词为"international talent"或"returnee"或"brain gain"或"brain circulation"或"brain drain"，排除人类学、医学、药理学等文献后，共获取 712 篇文献。中文数据来源于中国知网，文献类型为期刊，时间范围为 2003～2018 年，跨度为 16 年，检索主题词为"海归"或"国际人才"或"人才回流"或"人才环流"或"人才流失"，采取精确匹配模式，删除新闻、会议通知、招聘信息等文献资料，共获得 152 篇文献。

为了分析研究热点，将所获取的英文文献数据导入 CiteSpace V 软件，网络节点设置为 keyword，Time Slicing 选择时间范围为 2004～2018 年，筛选周期为 1 年，Node Types 设置为 Top N 50，采用最小生成树法进行图像修剪，其他采用默认设置。采用同样操作方法，对中文文献数据进行分析。运行 CiteSpace V，得到中英文文献中国际人才研究的知识图谱（见图 2 - 1 和图 2 - 2）。

关键词是对文章内容的高度凝练和概括，是文章的核心和精髓。通过关键词共现分析，有助于获得国际人才领域的研究热点与主题。通过图 2 - 1 和图 2 - 2 可以看出，国际人才已经受到国内外学者的重视，其中国外研究主要集中于国际移民、人才流失、人力资本形成、技术创新以及中国和美国的情况等；国内研究主要集中在海归、海归创业、海归人才、人才流失、技术创新、技术进步、

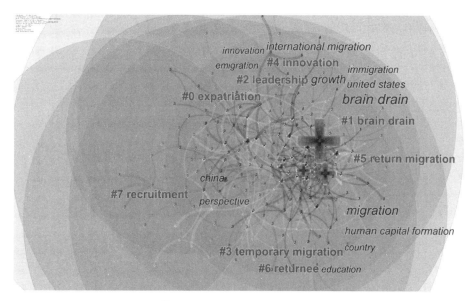

图 2 - 1　英文文献国际人才研究热点知识图谱

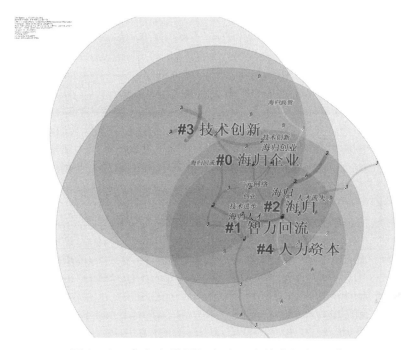

图 2 - 2　中文文献国际人才研究热点知识图谱

海归高管、海归回流、二元网络等方面。采用关键词聚类分析发现，国外研究可以分为 8 个聚类，分别为外派人员、人才流失、领导力、临时移民、创新、移民回流、海归、招聘；国内研究共生成 5 个聚类，分别为海归企业、智力回流、海归、技术创新、人力资本。对比分析可以看出，国外研究中对移民、中国和美国人才比较重视，而国内比较重视海归、智力回流情况。同时，国内外研究均比较重视国际人才领域的技术创新问题。

图 2 - 1 中有 230 个节点，560 个线条；图 2 - 2 中有 55 个节点，56 个线条。相比较而言，图 2 - 1 的圆圈更大，节点和线条更多、更为紧密。由此可见，相比国内，国外研究更为深入和广泛。同时，由表 2 - 1 可以看出，国内外研究各个聚类紧密程度均大于 0.6，则反映了网络的同质性比较高。但国内平均年份在 2012 年及以上，相比国外研究起点较晚。

表 2 - 1　　　　　　　　　　　聚类结果

WOS 数据来源				CNKI 数据来源			
聚类标签	文献数量（个）	聚类紧密层度	平均年份（年）	聚类标签	文献数量（个）	聚类紧密层度	平均年份（年）
外派人员	54	0.698	2012	海归企业	11	0.814	2014
人才流失	32	0.761	2009	智力回流	10	0.908	2012
领导力	31	0.669	2011	海归	8	0.884	2012
临时移民	27	0.733	2012	技术创新	8	0.727	2013
技术创新	27	0.643	2011	人力资本	6	0.185	2015
移民回流	26	0.727	2012				
海归	22	0.764	2013				
招聘	9	0.942	2013				

在知识图谱中，关键节点具有以下特点，一是连接两个及以上的聚类，二是被引频次和中心度均比较高。中心度大于或等于 0.1 的关键词是网络中比较关键的节点，可能是研究热点一时间段到另一时间段过渡的关键点。因此，中心度比较高的关键词反映了研究的热点。为了更为深入地分析国内外研究热点的差异，将中心度设置为大于或等于 0.1，得到中英文文献中被引频次前 15 位的关键词如表 2-2 所示。中国问题得到国外学者的重视。此外，国外学者更关注研究视角、劳动力、移民、贸易、绩效等问题；国内学者主要关注海归创业、知识溢出、技术创新、技术进步等问题。同时，国内外学者都比较重视社会网络、海归、海归企业等问题的研究。但相比较而言，国内更为重视国际人才技术创新问题，中心度是国外的 2 倍。

表 2-2　　　　　　　　　国际人才高频关键词

WOS 数据来源			CNKI 数据来源		
关键词	频率	中心度	关键词	频率	中心度
增长	92	0.1	海归	22	0.45
中国	51	0.19	海归创业	11	0.3
视角	41	0.21	二元网络	8	0.33
创新	37	0.09	人才流失	8	0.17
流动	36	0.1	技术创新	6	0.18
绩效	35	0.1	技术进步	6	0.18
移民	32	0.11	创业	5	0.15
劳动力	27	0.16	海归回流	5	0.1
网络	27	0.1	人才流动	4	0.39
贸易	25	0.12	知识溢出	3	0.27
公司	25	0.11	创业资源	3	0.16

续表

WOS 数据来源			CNKI 数据来源		
关键词	频率	中心度	关键词	频率	中心度
自我选择	22	0.1	人力资本	3	0.11
海归创业	16	0.11	知识资本	2	0.18
工作	13	0.15	创业绩效	2	0.18
海归	12	0.11	千人计划	2	0.15

2.1.3　国际人才研究回顾

通过以上知识图谱分析，本书掌握了国内外有关国际人才研究的热点问题。为了详细分析国内外研究的内容，本书结合可视化所掌握的国际人才研究热点以及相关的重要文献，对已有文献进行综述。

1. 国际人才流动的动因

国际人才外流的原因可以分为两个方面，一方面是个体原因，主要体现在收益与成本的对比，这种收益是多方面的，如技能提升、收入提高、教育机会等。研究发现，受教育程度越高的人群越有可能移民，尤其是向技能回报率高的国家迁移，即流出国与目的国之间的工资差异具有较高的激励作用，通过迁移，既可以获得收入，还可以提升技能（Eggert，Krieger & Meier，2010；Grogger & Hanson，2011）。基于 200 多个结构化访谈，学者发现，英国科学家迁移到美国主要是受到专业技术的驱动，而印度科学家主要受到教育水平的驱动，但两者最后作出迁移决定都受到社交关系的影响（Harvey，2011）。可见移民网络对移民具有激励作用，其中，弱移民网络有利于移民的自我选择，而强移民网络对自我选择具有负向影响（David & Hillel，2010）。另一方面是社会原因，移民率与人力资本水平、政治稳定性、地理临近程度、种族/宗教分化、目的国类型、难民庇护政策、移民政策、社会支持等密切相关（Docquier，Lohest & Marfouk，2007；Grogger & Hanson，2011）。教育水平和经济水平是影响国际人才流动的两个重要因素，对于发展中国家人才，选择迁移到发达国家主要考虑经济因素，而迁移到发展中国家会同时考虑经济和教育因素；对于发达国家人才，选择迁移到发达国家会考虑教育因素，选择发展中国家则同时考虑经济与教育因素（魏浩、王宸和毛日昇，2012）。

　　国际人才回流方面，在对国内环境以及发展前景看好的情况下，当移民具有较高的技能水平，回国有利于获得收益最大化，对自己和母国更有利，移民更可能回流（Hussain，2015）。尤其是母国引才政策和科技创新环境都比较好、经济发展水平高、教育投资水平高，对国际人才更具有吸引力（杨河清和陈怡安，2013；杨河清和陈怡安，2013；许家云和李淑云，2012）。由于国际人才拥有母国缺少的专项技术、研究方法等，回到母国更有利于个人技能和能力的发挥（Zweig，Chung & Vanhonacker，2006）。除了基于个人利益的考虑，国际人才回流还会受到国外心理文化认知、母国和东道国关系、母国高等教育政策与国际背景下社会变化的影响（Pan，2010）。同时，制度和非制度因素也成为影响国际人才回流的重要因素，对中国而言，制度成为影响海归回流的重要因素，发达国家和地区的文化、法律、经济等方面的制度对中国海归回流产生负向影响（许家云、李淑云和李平，2013）。

2. 国际人才流动的后果

基于国际人才研究可视化分析可以看出，人才流失、海归是目前国内外国际人才研究的热点。已有文献表明，国际人才的研究经历三个阶段，分别是人才外流（brain drain）、人才回流（brain gain）、人才环流（brain circulation），形成了人才外流论、人才回流论、人才环流论三种理论。结合以上结果，本书从这三方面进行论述。

（1）人才外流论。

根据上述分析可知，人才外流是国内外研究的重点内容之一。学者对人才外流的研究有三种观点，一是抑制观，早期学者认为，移民虽然有利于流出国获得汇款和个人技能的提升以及商业网络的创建，但仍无法弥补本国未迁移人福利的下降，而且大规模的人才流失对发展中国家和地区造成巨大损失（Grubel & Scott，1968；Bhagwati & Hamada，1974）。

二是促进观，人才流失虽然会产生不利影响，但也存在有利的影响，一方面由于国外较高的教育回报率会导致潜在移民加强教育方面的投资，以便未来迁移，但人力资本门槛的存在使得部分受过良好教育的人群无法外迁，从而有利于出国人力资本水平的提升和经济增长（Beine，Docquier & Rapoport，2001）。另一方面移民网络对外商直接投资、对外直接投资具有正向影响，而且移民教育水平越高，关系越强烈，越有利于推动流出国融入全球经济（Javorcik，Özden & Spatareanu et al.，2011；衣长军、李赛和陈初昇，2017）。

三是双刃剑观，人才跨国流动对流出国存在正面效应和负面效应，一是需要区分移民类型，如过渡性移民利大于弊，而永久性移民弊大于利（张国初和李文军，2002）。二是需要区分国家类型和移民率等，技术移民对于人力资本的形成十分有利，尤其是对高人力资本和高移民率国家来说，技术移民是"有益的人才外流"，例如，中国、巴西、印度等。但是对于大部分国家，人才外流是不利的，尤其是对人口较少的国家。同时，技术移民有利于低收入国家人力资本的积累，但要求技术移民的比例不超过 20% ~ 30%（Beine，Docquier & Rapoport，2008；Beine，Docquier & Oden，2011）。高技术移民不会耗尽一国的人力资本存量，却可以产生积极的网络外部性，如汇款等。移民规模越大，对于中等腐败程度的人才流出国，其网络外部性越强，而移民网络外部性有利于增强国外直接投资和提高人力资本水平。人才外流之所以会在发展中国家之间产生赢家和输家，是因为不同国家在治理水平、人口规模、人力资本形成激励、技术距离等方面存在差异，小规模的国家无法从人才外流中受益（Docquier & Lodigiani，2010；Docquier & Rapoport，2012）。同时，移民对东道国的利弊影响还与侨民对祖国情感有关，一般情况下，移民经历有利于增强侨民对祖国知识分享的意愿，但失落感和内疚感会对此产生负向影响（Barnard & Pendock，2013）。

（2）人才回流论。

自 20 世纪八九十年代起，随着全球化、工业化以及新技术的快速发展，以日本、韩国为代表的一些新兴国家经济得到发展，开始吸引海外人才回流（Mountford，1997）。人才回流对流出国和地区的经济发展和社会发展具有巨大的推动作用。例如，在美国受过教育的中国台湾工程师不仅向中国台湾地区转移资金、技能和专业技术知识，还促进了两个地区公司之间的合作，从而促进了产业升级、技术转移（Saxenian & Hsu，2001）。由于不同国家技能熟练程度不同，移民在发达国家通过在做中学习，获得技术积累，回流可以有效增强本国技术水平（Dustmann，Fadlon & Weiss，2011）。同时，创始人的国际背景和全球社会网络对出口导向和出口绩效具有决定性作用（Filatotchev，Liu & Buck et al.，2009）。海归跨国流动实际上已经成为国际知识转移、知识溢出的新渠道，与外国直接投资和对外贸易具有同等地位。已有研究表明，海归对技术创新具有积极影响，而且跨国公司内部员工流动的知识溢出效应比较显著，两者对技术创新的交互作用更强（Liu，Wright & Filatotchev et al.，2010）。海归还具有外部效应，不仅有利于提高技术创新，还可以促进邻近企业的创新，尤其是促进具有海归领导的企业获得更多专利（Luo，Lovely & Popp，2017）。但也有学者认为，国际人才具有技术、管理、创业等方面的能力，但国际人才回流对母国经济的发展并非起关键作用，主要是在政策制定者为该行业奠定基础后，才在第二阶段发挥积极作用（Kenney & Dan，2013）。

由于近些年来我国引才政策的实施，吸引了大量国际人才流入，从而引起学术界的关注，从多方面分析了国际人才流入的影响。一是对进出口贸易和实际利用外资的影响。由于人才跨国流动有助于克服国际贸易中非正式壁垒，降低交易成本，获取交易信息，增强信任，促进契约履行，所以能够促进中国出口贸易和进口贸易的增长，但存在区域差异性和商品类型差异性（魏浩和陈开军，2015；魏浩和袁然，2017）。同时，国际人才对企业出口拉动具有持续性和逐年递增性，能够显著提高企业出口概率、强度和产品范围及质量，而良好的制度环境能够强化国际人才的出口促进效应（许家云，2018）。同时，国际人才对 FDI 技术溢出效应具有显著影响，且存在区域差异性（朱敏和许家云，2013）。二是对技术创新、技术进步、技术扩散、知识溢出的影响。对于中国本土企业创新绩效，海归人才流动和跨国企业人才流动均能够产生正向影响，而且两者交互作用效果更强（孙文松、唐齐鸣和董汝婷，2012）。海归高管和非海归高管对技术创新均具有正向作用，其中海归高管对创新产出更具有原创性，有助于提高企业创新效率；非海归高管对渐进性创新的作用比突破性创新更强（张信东和吴静，2016；蒋艳辉、曾倩芳和冯楚建等，2018）。海归回流存在知识溢出效应、技术扩散效应、技术进步效应，且在中国东部、中部、西部存在差异性，但其作用的发挥受到地区经济水平、人力资本水平、对外开放程度、金融发展水平的影响，同时还受到非制度因素如腐败的影响（李平和许家云，2011；杨河清和陈怡安，2013；陈怡安，2016；陈怡安，2018）。此外，部分学者对海归的企业社会责任、公司绩效等进行了研究（徐细雄、朱红艳和淦未宇等，2018；郑巧英、王辉耀和李正风，2014）。

（3）人才环流论。

全球化背景下，随着跨国公司崛起、全球分工协作，人才在全球范围内的循环流动成为一种重要的现象，构成人才跨国流动的一种（郑巧英等，2014）。与人才外流和人才回流现象不同，人才环流强调人才频繁地跨国界流动，一般是在本国与其他国之间的双向流动，而不是永久性地迁移到另一个国家，从而使智力资源可以跨国界分享，对全球经济和社会发展产生重要影响（Chen，2008；Xiang & Shen，2009）。人才环流具有知识溢出效应、传播效应等，从而使人才流出国和流入国均能受益（黄海刚，2017）。研究发现，中国和印度出生的高技术工人在硅谷工作，并与国内建立了商业联系，能够灵活地转移技术和制度知识，从而使技术和资本由单向流动的旧模式转向双向流动的新模式，即人才环流促进了技术、资本的双向流动，使流出国、流入国、人才三方均能受益（Saxenian，2005）。通过人才环流，可以实现远距离的信息交换和协作，有利于网络构建和资源的重新组合，减少国内外产出的差异，从而促进流出国和流入国的经济发展和技术进步（Tian，2016）。

3. 国际人才创业问题研究

在人才回流方面，国际人才创业问题已经成为国际人才领域的重要研究内容之一。由于国际人才创新活动受到国内外多种因素的影响，比如国内外社会网络、当地人力资本水平、创业适应、外来者劣势等，这有助于对本书研究主题的理解。因此，本书对此加以综述和借鉴。具体如下：

国外学者迪尔（Dheer，2018）构建了国际人才创业研究框架，对已有研究进行了综述，其中国际人才创业的前因变量包括微观层面（人口统计学特征、心理特征、资源基础）、中观层面（区域特点、网络属性）和宏观层面（监管影响、社会经济状况），创业过程中涉及制度和政策支持、战略与资源开发等因素的影响，最终导致经济发展、工作增长、贸易顺差、组织绩效和微观层面上的收入及创业退出（见图 2 - 3）。由此可见，国际人才创业活动受到多方面的影响，导致的结果存在多样性。具体而言，在前因方面，涉及人力资本、社会资本等，例如，赖特（Wright，2008）等发现拥有国外专利的海归公司在非大学科技园区表现的更好，而拥有跨国商业经验的海归公司在大学科技园区表现的更好。这表明海归企业资本与创业环境良好地互动，才更有助于创业成功。此外，海归企业家可以利用其国际商业经验、无形资产获得商业机会和企业发展，如利用国际网络获得技术知识、商业经验等（Bai & Lind，2016；Bai，Johanson & Martín，2017）。同时，海归企业家在面对不确定环境时，能够运用分析 - 战略思维应对处理复杂的关系（Liu & Almor，2016）。因此，海归创业公司比当地同行更具有创新性，而且对当地同行具有间接溢出效应，创业效果更好（Liu et al.，2010）。但由于缺乏国内关系网络和当地知识，尤其是对母国文化和制度环境的掌握不足导致海归劣势上升，只有充分适应当地文化如地方关系才更有助于企业创业绩效（Li，Zhang & Li et al.，2012；Pruthi，2014）。研究表明，海归企业家在创业时与本土企业家相比进入比较慢，由于新入者劣势和外来者劣势，海归企业家需要一定的时间适应，而且进入高技术创业领域更慢（Qin，Wright & Gao，2017）。同时，国际人才企业家早期虽然会强调正规性，本土企业强调非正规性，但随着时间的推移，海归企业家与本土企业家会达到正规 - 非正规平衡趋同，并与中国制度变迁相一致（Lin，Lu & Li et al.，2015）。

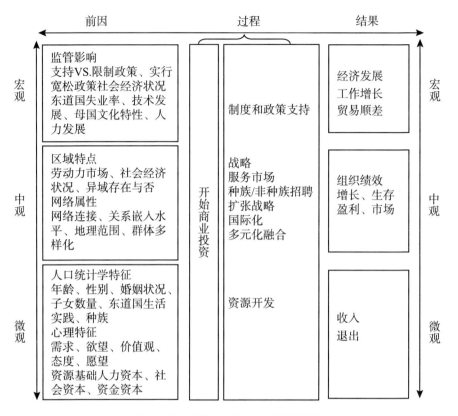

图 2-3 国际人才创业研究框架

资料来源：Dheer R J S, Entrepreneurship by Immigrants：A Review of Existing Literature and Directions for Future Research, International Entrepreneurship & Management Journal, Vol. 14, No. 3SI, March 2018, pp. 555 –614.

　　国内学者主要从海归创业受到的影响因素及海归社会网络进行分析，一是海归创业行为受到诸多因素的影响，其中海归创业的关键之处在于海外经验及远大梦想，关键行动在于机会发现和机会创造，同时受到企业家精神、社会网络、创业资源、人力资本、技术资本等因素的影响（彭伟和符正平，2015；朱晋伟和邹玲，2016）。二是海归社会网络受到国内学者的关注，与本土企业相比，海归企业绩效更优，而且海外留学经历比海外进修经历作用更强（刘青、张超和吕若思等，2013）。海归本身具有较强的创业能力和技术能力，偏向于自主创新，而创业初始阶段就倾向于国际化、全球化发展。海归越倾向于采用技术导向越有利于嵌入海外网络，而采用市场导向对嵌入国内外网络均有正向影响，这有助于海归在全球范围内获取知识资源和资产资源（董洁林，2013；侯佳薇、柳卸林和陈健，2018）。不管是西方情景下的社会网络还是中国情景下的社会网络，均对技术创新绩效产生正向影响（张枢盛和陈继祥，2014）。在企业不同生命周期中，海归双重网络所起作用的特征、重点及机制存在显著差异，资源获取与整合、创业学习和技术能力在海归双重网络及技术创新绩效之间起中介作用，内部吸收能力和政策环境在其中起调节作用（彭伟、朱晴雯和符正平，2017）。国外社会网络对海归企业各个阶段发展的影响及获得高绩效非常重要，但对于国内社会网络，海归企业需要保持一定的距离，尤其是大型海归企业，在规模扩大后，企业发展的重点在于技术、规范化，政治关联对企业的积极影响降低，相反会受到政府政策的不利影响，需要更多的研发投入（赵文和王娜，2017）。海归创业并不总是存在优势，还存在外来者劣势，需要对本土环境和文化适应，海归创业者适应和企业适应都有利于企业绩效（陈健、柳卸林和邱姝敏等，2017）。

2.2 技术转移

2.2.1 概念界定

1964 年，第一届联合国贸易发展会举行，首次将技术转移定义为技术在国家之间的输入与输出。《国家技术转移行动守则（草案)》中则从国家（地区）的角度给予更为完善的定义，即技术转移是指有关产品制造、工艺应用或服务提供的较为系统的知识转移，但不涵盖仅涉及货物出售或租赁等有关方面的交易。技术转移主要涉及工业产权的转让、可行性研究、技术咨询服务、诀窍和技术知识提供、人员培训等，但不包括商标、商品名称等（雷李军和傅正华，2006）。《决策科学词典》中技术转移的定义与上述类似，但将其扩展到行业间及科学技术系统内，且输入和输出的内容涉及科学知识信息、成果、技能等科学技术，转移方式包括技术交流、馈赠、援助等无偿转移方式和将技术作为商品交易的技术转让和引进等有偿转移方式。在有偿技术转移方式中，外商直接投资、国际贸易是学者经常研究的经典技术转移方式，如国际生产折衷理论、内部化理论等均将对外直接投资、国际贸易与技术转移联合考虑，寻求不同条件下技术转移的有效方式。弗兰斯玛（Fransma，1986）将技术转移定义为一国的技术知识被另一国家获得并吸收利用，从而转化为本国技术知识的过程。吉布森和威廉姆斯（Gibson & Williams，1990）则认为技术转移起源于想法，并通过实验室实现，进而在市场上得到认可的过程，体现了技术信息在研发人员与最终用户之间的交换，属于微观层面的技术转移。马斯库（Masku，2004）从技术获取方的角度将技术转移定义为一方获得另一方的技术、信息、知识并有效学习吸收应用到产品生产的过程。不管是宏观层面还是微观层面，技术转移都需要考虑环境的影响，如政治、经济、文化以及人员交流、沟通渠道等（Walumbwa，1999）。

由此可以看出，技术转移主体涉及技术输出方和技术接收方，转移方式分为无偿转移方式和有偿转移方式，其中对外直接投资、国际贸易是经典的技术转移渠道，转移内容包括科学知识、成果、技能等，转移区域可以是跨国界、跨区域、跨行业或者科学技术系统内部，转移影响因素涉及经济、文化及人员交流等。在本书中，技术转移被定义为中国各省份通过有偿或无偿方式从中国之外的国家或地区获取技术、信息、诀窍等科学技术，并加以吸收利用，从而转化为本省份技术知识的过程。

作为技术转移的经典方式之一，进口贸易已经得到学者们的认可。通过进口贸易，进口国可以对进口的商品和服务所隐含的技术、信息、知识加以模仿、学习和吸收，从而实现技术转移。进口产品和服务种类越丰富，越有助于多样化知识的获取和吸收（Fernandes，2007；王华，赖明勇和柴江艺，2010），单纯的技术贸易有可能因为竞争效应的存在而抑制技术创新（邢孝兵等，2018）。同时，发达国家的产品或服务水平更高，一般认为新技术首次出现在发达国家，并以新产品的形式出口到其他国家（骆新华，2006）。本书研究中各国家（地区）均比较发达，因此，本书采用进口贸易额作为技术转移的替代变量（详见 3.3.1 章节）。

2.2.2 技术转移的相关研究

1. 国际人才与技术转移

国际人才对技术转移的影响包括多方面，古尔德（Gould，1994）最早对此加以研究，认为移民具有母国市场知识、语言、偏好、商业联系等方面的优势，可以产生移民偏好效应和移民信息效应，能够降低交易成本，从而有助于双边贸易发展。席夫（Schiff，2002）指出，不同于商品和服务等的流动，移民流动伴随着语言、文化、习俗、价值观、规范等社会资本的流动，从而影响移民流入国和流出国之间关系的构建，有助于贸易过程中信息的有效传递，弱化贸易摩擦。菲拉托切夫等（Filatotchev et al.，2009）认为除了研发（R&D）和技术转让，国际人才的海外背景及全球网络对出口导向与出口绩效具有关键影响作用。费尔伯迈尔（Felbermayr，2010）等则指出移民网络对贸易机会的获取具有有利的影响，能够提高相互信任水平，通过直接联系或间接联系促进贸易网络形成，而且移民的贸易效应还与高技能移民比例密切相关，并对制造业的影响更为显著（Lee，2012）。穆拉特（Murat，2014）研究发现，留学生网络促进了英国的双边贸易关系，尤其是对与英国不同制度和文化国家的贸易促进效果更好，主要原因在于文化和制度相似性越高，国家之间移民所能够带来的新信息越有限，从而导致英联邦国家移民流入英国产生进口替代效应（Girma & Yu，2000）。对于存在密切关系的国家，移民网络有助于降低贸易成本，尤其是高管移民的作用效果更强（Artaltur & Ghoneim，2015）。同时，移民对贸易的影响与移民在流入国的分布情况相关（Artal - Tur et al.，2012）。

国内学者从两个角度对此进行了研究，一方面国外华人网络，蒙英华和黄建忠（2008）研究发现华商网络能够促进中国进出口贸易，而信息通信技术的发展与提升，会对进口贸易产生抑制作用，但对出口贸易的影响不大。赵永亮（2012）则认为华侨移民网络对中国对外贸易具有积极作用，但在新兴经济体中，移民网络的规模大小所导致的成本克服效应更为显著，移民偏好效应在亚洲及北美更显著。范兆斌和张若晗（2016）认为海外移民流量和存量作用相反，前者能够显著地抑制集约边际出口，后者显著促进。另一方面国际人才回流或外来移民，国际人才可以通过降低交易成本、获取交易信息、增强信任促进中国出口贸易的增长，如促进企业的出口概率、强度、产品范围和产品品质，其对企业出口的影响具有持续性和逐年递增性，并存在区域差异性和商品类型差异性。国外经济发展水平、国内良好制度等都有助于提升国际人才的出口效应（魏浩和陈开军，2015；许家云，2018）。魏浩和袁然（2017）则基于我国各省份面板数据，从进口贸易的角度研究发现，国际人才流入对我国中西部的进口贸易具有显著影响，而且对不同进口贸易类型的影响不同，如更有利于一般贸易或者资本技术密集型贸易。此外，杨希燕和童庆（2018）从全球角度研究发现，受到产品质量的影响，高技能移民网络与低技能移民作用相反，即产品质量越高，高技能移民网络越有利于促进贸易发展，而后者相反。

2. 技术转移与技术创新

技术转移可以通过进口贸易来实现，从而对技术创新或技术进步产生影响。除大学、智库、公共和私人研发部门以及有利的政策环境有助提高国家创新外，外商投资和贸易等也有利于国家创新（Krammer，2009）。进口贸易对进口国的技术进步具有显著正向影响，企业可以通过进口学习、购买进口商品获得新技术（Coe & Helpman，1995；Liu & Buck，2007；Fernandes，2007）。尤其是技术贸易或信息技术更有助于外国技术向国内转移，而且对于中小企业而言，技术贸易更为重要（Keller，2004）。技术进口对进口国的技术创新贡献率可以达到93%，但技术进口的溢出效应在各国之间存在不均衡性（Madsen，2007）。进口贸易可以提高进口公司的技术创新能力，而且更容易从近距离国家获得进口贸易的技术溢出（Mercedes & Joaquín，2009）。同时，企业研发投入越多，越有利于强化这种溢出效应（Parameswaran，2011）。技术贸易可以通过最佳技术选择的研发实验来提高技术创新水平（Spulber，2008）。

国内学者有关进口贸易对技术创新的影响存在三种观点，一是促进观，国际贸易可以通过其中隐含的技术和知识而被学习和利用，或者激发进口国企业加强研发或创新。同时，实证检验表明国际技术许可和进口贸易对中国技术进步、企业技术创新具有显著正向影响（王华等，2010；李平和姜丽，2015）。二是抑制观，对中国技术创新而言，进口贸易具有显著负向影响，可能原因在于进口产品技术含量低（王清平和何超超，2018）。三是权变观，认为需要分类考察进口贸易的技术创新效应。不同进口商品结构与进口国家来源对技术创新的影响不同，如资源类初级产品等对我国技术创新产生不利影响，而其他类初级产品等具有显著正向影响，发展中国家进口显著抑制中国技术创新水平，发达国家进口不显著（罗勇和曾涛，2017）。此外，由于存在竞争效应，高技术水平产品进口对技术创新具有显著负向作用，而低技术水平产品进口相反（邢孝兵、徐洁香和王阳，2018）。

2.3　文化及文化差异

2.3.1　文化

1. 文化的含义

文化的含义比较复杂，国内外学者从不同视角出发加以定义。泰勒（Tylor，1871）最早将文化定义为"知识、信仰、艺术、道德、法律、习惯以及人作为社会成员所获得的所有能力和习惯"。克罗伯和克鲁克霍恩（Kroeber & Kluckhohn，1952）通过总结前人研究，得出 160 多种文化定义，并将文化分为外显文化和内隐文化，其中外显文化包括衣食住行、社交礼仪、宗教等，内隐文化则是隐藏在习惯性行为和语言行为之后的价值观和思想，认为文化是群体共享的思想，或某一时期内群体中特定部分均认同或共享的思想。霍夫斯泰德（Hofstede，2001）在文化研究上具有突出性贡献，认为文化是一个群体与其他群体存在区别的共同心理程序，是某地区人们以某种特殊方式思考、感觉、行动的心理定式，而不是个体特征。根据全球项目（globeprgect）官网显示，"全球领导力和组织行为有效"（GLOBE）研究认为文化是集体层面的参数，具有集体成员共享性，并将文化定义为共同的动机、价值观、信仰、身份以及对重要事件的解释，所谓重要事件是由跨代传承的集体成员共同经历所产生的。文化具有层次性，可以分为物质文化层，如服饰、工具等，能够以实物表现出来；制度与习俗文化层，如法律、规范、风俗等；精神文化层，包含价值观、宗教信仰、思维方式等。文化的层次性可以采用洋葱模型或冰山模型形象地表现，面对异域文化时，人们首先关注的是衣着打扮、言谈礼仪等，但越深入，越难以观察和表达，且精神文化层具有稳定性。

本书主要采用 GLOBE 给出的文化含义，即文化是指群体共同的动机、价值观、信仰、身份以及对重要事件的解释，具有群体内共享性、群体间差异性、层次性、稳定性，能够主宰人们的价值观、动机及行为，属于集体价值观念体系，从而有别于其他群体。

2. 文化的维度

通过上述分析，可知文化的含义，但由于文化的复杂性、模糊性、多样性，导致文化及文化差异的测量非常困难。因此，在对文化进行量化分析之前，需要明确文化的维度构成。截至目前，比较著名的文化维度划分，主要有霍夫斯泰德文化模型，包含权力距离、阳刚气质/阴柔气质、不确定性规避、个人主义/集体主义等维度，并在后期增加了长期/短期取向、纵容/节制两个维度；Kluckhohn & Strodtbeck 价值取向模型，包含人类本性、人类与自然的关系、时间倾向、活动类型、人与人之间的关系；Hampden‑Turner & Trompenaars 七维度模型，包括平等/等级、个人主义/集体主义、普遍性/特殊性、成就与归属、内在/外在取向、局部主义/整体主义、时间序列/某一时期；施瓦茨（Schwartz）三维七类文化价值取向模型，包含保守与自由（情感自由、思想自由）、阶级与平等、掌控与和谐；以豪斯（House）为代表的 GLOBE 文化模型等（王国保，2010；郭爱丽，立平和顾力行，2016）。众多文化维度模型中以霍夫斯泰德文化模型应用最广，影响最大。但霍夫斯泰德文化模型也受到诸多批评，一是数据过于陈旧，尤其是全球化、信息化的快速发展，导致世界范围内的交流频繁，文化受到相应的影响，若以此进行跨文化研究和管理，容易引起刻板印象；二是样本全部来源于 IBM，把该企业员工的调查结果直接用于代表国家文化。同时，有些国家的样本量比较多，如日本和瑞典超过了 1000 个，有些国家样本不到 200 个，如智利、新西兰等，样本代表性遭到学者质疑；三是将文化与国家等同，忽略国家内部的文化差异性、多样性（Mcsweeney，2002）；四是长期导向/短期导向维度，两者并不是对立的，短期导向不一定是缺点，可能存在严重的哲学缺陷，并且抽样对象、分析方法与前四个维度不一样，并不适合并列在一起，同时与放纵/克制维度可能存在重复性（Fang，2003；郭爱丽等，2016）。此外，还存在理论基础薄弱，维度定义模糊等问题。

相反，GLOBE 文化模型存在一定优势，它是豪斯（House）于 1991 年启动的全球性项目。2004 年由 62 个国家超过 200 多名研究人员共同调研了 17000 多位中层管理者，是社会科学领域中规模最大、最负盛名的研究。GLOBE 文化模型的优势主要体现在：首先，GLOBE 文化模型囊括了霍夫斯泰德和 Schwartz 等学者研究的所有维度并加以细化，如集体主义被细化为小团体集体主义和社会导向集体主义，更为完整（程兆谦和王世良，2015）。同时，GLOBE 文化模型可以分为文化习俗和文化价值观，更为全面，前者指的是"是然"，是社会"事实上是按照什么原则"运行的，反映的是实际行为标准，真实地反映了社会心理和行为，与组织管理实践更为密切；后者是"应然"，是社会中人们期望社会应该按照什么原则运行的（House，Javidan & Hanges et al.，2002）。其次，GLOBE 文化模型数据来源于 20 世纪 90 年代，调研样本针对 62 个国家多家公司，样本分布更为广泛，数据较新。最后，数据易得性。目前，中国疆域辽阔，由于地理位置、历史传承、方言、经济发展不均衡、宗教信仰等原因，导致区域文化多样性、差异性，而现有管理学和心理学领域的跨文化研究对中国文化的调查仅限于部分地区，难以反映中国区域文化的复杂性。赵向阳、李海和孙川（2015）利用GLOBE 文化习俗问卷首次对我国 31 个省（自治区、直辖市）的区域文化进行了测量，有利于中国管理学研究中跨区域文化的比较研究。因此，GLOBE 文化模型日益取代霍夫斯泰德的国家文化模型，为越来越多的国内外学者所采用（Sarala & Vaara，2010）。基于以上分析，本书也采用 GLOBE 文化模型作为文化差异、区域文化研究的基础之一，GLOBE 文化模型各维度含义具体如下：

（1）绩效导向（performance orientation）：群体鼓励和奖励成员追求卓越绩效的程度，强调结果重于过程。具有高绩效导向的人会更努力地工作，因此对社会关系的依赖性会降低。

（2）恃强性（assertiveness）：个人在与他人的社会关系中表现出恃强、直面冲突和进取的程度，而非含蓄温和。

（3）未来导向（future orientation）：个人参与未来导向行为的

程度，例如，做规划、投资未来和延迟享受的程度。具有高未来导向的人更容易关注长远目标，而非当下。

（4）人际关系导向（humane orientation）：群体鼓励和奖励个人对他人公平、无私、慷慨、关心和善待的程度。

（5）社会导向集体主义（societal collectivism）：组织和社会制度实践在多大程度上鼓励和奖励集体性资源配置和集体性行动，强调对国家和社会的融合性，强调大群体中相处融洽、合作的程度。

（6）小团体集体主义（in-group collectivism）：个人在其组织或家庭中表达自豪感、忠诚度和凝聚力的程度，强调对家庭、家族、密友等小群体的联结。

（7）性别平等（gender egalitarian）：社会或组织缩小性别角色差异、降低性别歧视的程度。

（8）权力距离（power distance）：群体期待权力或认可权力可以不平等分配的程度。

（9）不确定性规避（uncertainty avoidance）：社会、组织或群体在多大程度上依赖社会规范、规则和程序来减轻未来事件的不可预测性。避免不确定性的愿望越大，人们就越需要寻求有序性、一致性、正式程序和法律规则来规范日常生活。

3. 区域文化的影响机理

本书中，区域文化的含义与文化相同，是指中国各省份群体所具有的共同的动机、价值观、信仰、身份以及对重要事件的解释。基于 GLOBE 文化模型，可知区域文化包括权力距离、社会导向集体主义等九大维度，表示国家（地区）在某一维度（如不确定性规避、权力距离等九大维度）上具有的文化水平。作为外来工作群体，反映了国际人才在华工作受到与母国在文化方面存在差异的中国各维度文化的影响。每个文化维度的影响不同，在此以权力距离维度为例（其他见4.2章节），一方面权力距离大表明组织结构具有层级式和集权式的特点，由权威者做出决策，组织成员缺乏怀疑精神、批判精神，不利于非正式沟通，扼杀社会成员创造力（Martins & Terblanche，2003）；另一方面权力距离过高，导致组织灵活性不高，缺乏有效的、及时的沟通，不利于创新氛围的营造，阻碍创新所必需资源的获取（Shane，1993；Jang，Ko & Kim，2016）；同时权力距离过大降低了既得利益者冒险创新的可能性，避免投资损失（艾永芳、佟孟华和孙光林，2017）。

在本书中，国际人才来自美国、日本、韩国、德国等国家（地区），属于外来工作者，必然会受到与其母国在文化方面存在差异的中国各类文化维度的影响。因此，为了反映国际人才受到具有多样性中国区域文化的影响，研究二中采用 GLOBE 文化模型中九大文化维度分析区域文化在国际人才与技术创新之间的作用。

4. 区域文化的相关研究

（1）区域文化与国际人才。

来自不同国家（地区）或民族的人员由于历史、地域、经济等诸多差别，形成了本群体特有的文化，具有不同的认知、情感、动机、行为习惯，其心理和思维方式会受到异域文化的影响，而该人员依据自身思维方式去解读异域文化中人的行为，引起认识上的错位，导致沟通中断、人际关系紧张等文化冲突（Pavett & Morris，1995；Voelpel & Han，2005）。目前，有关国际人才与文化的研究大多从微观角度即以外派人员为研究对象进行探索，所谓外派人员是为了完成特定工作任务而被派遣到其他国家的人员，有区别于游客、外来务工人员、难民等，外派人员更多的是具有高级职位或高水平专业技能（Aycan，1997；Tung，1981），是国际人才微观领域的研究。国际人才流向其他国家，首要面对的是跨文化适应的问题。国际人才对异域文化的适应与否关系到国际人才的外派成功、工作绩效、知识转移、员工创造力等（Tung，1981；Black et al.，1991；Chen et al.，2010；Leung，Maddux & Galinsky et al.，2008）。在创造力或创新方面，已有研究表明，文化异质性的碰撞有利于创造性思维的形成，因此，不同文化背景的员工所形成的团队更有利于培养和形成探索性组织能力（Mejia & Palich，1997），但也有可能引起文化冲突，抑制创造力（Goclowska et al.，2018）。具有多元文化体验和开放性体验的人更具有创造潜力（Leung & Chiu，2008）。相比在一个国家长大的人而言，第一代或第二代移民更具有创造力，比如亚裔美国人在获得文化认同后更有创造性（Simonton，1996；Morris & Leung，2010）。同时，国内外许多学者还研究了文化各个维度对决策风格、领导风格、组织承诺、工作满意度、组织公民行为及其对其他文化维度的调节作用（Kirkman，Lowe & Gibson，2006；辛杰、兰鹏璐和李波，2017）。

（2）区域文化与技术创新。

目前，学者主要基于霍夫斯泰德文化模型分析各文化维度对技术创新的影响，例如，低权力距离、不确定规避程度低，长期导向有助于个人思想、新颖想法的表达，更有利于提升研究效率、发明、创新投入、国家创新效率、技术创新等（Everdingen & Waarts，2003；Shane，1993；Kaasa & Vadi，2010；Contiua et al.，2012；

Taylor & Wilson，2012；Lim & Park，2013；Efrat，2014），而个人主义较低、不确定规避较高的国家，更容易进行模仿创新（Yaveroglu & Donthu，2002）。由于个体主义有利于产生新颖和创造性想法，因而个人主义越强，越有助于国家创新（Erez & Nouri，2010；Desmarchelier & Fang，2016）。但也有学者认为不确定性规避、个人主义对研究效率或创新不存在影响（Kedia，1992；Engelen，Schmidt & Strenger et al.，2014）；华尔兹等（Waarts et al.，2005）则认为不确定性规避、阳刚气质不利于创新采用，而长期导向正向影响创新采用。斯蒂尔斯（Steers，2008）等通过两篇文献中巴西和韩国的案例研究分析，认为文化对新技术使用具有关键性影响，如韩国高度集体主义中强调个人关系和网络具有促进作用。集体主义虽然有利于国家创新，但需要区别集体主义类型，如爱国主义和民主主义是有利的，或者朋友关系类和社会关系类的集体主义也有利于国家创新（Kaasa & Vadi，2010），但家族主义和地方主义则是有损害的（Taylor & Wilson，2012）。同时，其他学者从不同角度进行了探讨，如南等（Nam et al.，2014）构建多层线性模型，研究发现政治稳定性和教育减轻了集体主义对企业创新的不利影响，政治稳定性还有利于减轻不确定性规避对企业创新的影响。普亚和丹夸（Puia & Dankwa，2013）认为文化和民族——语言多样性分别与国家创新正相关等。

国内学者李晓梅（2013）发现权力距离不利于国家创新绩效，个人主义则相反，且两者均受到社会信任的中介。艾永芳等（2017）研究结果表明权力距离抑制创新，长期/短期取向促进创新，两者均可以通过影响人的行为和制度环境影响创新；而不确定性规避抑制创新，可以通过制度环境影响创新。秦佳良、周焯华和刘程军（2015）研究发现权力距离对创新没有影响，个人主义和不确定性规避对创新具有显著负向影响。潘越、肖金利和戴亦一（2017）则采用方言多样性作为代理变量，发现文化多样性有利于企业创新。

2.3.2　文化差异

1. 文化差异的含义

基于文化的概念，可以对文化差异加以界定，即同一群体内的人具有相同动机、价值观、信仰、身份等，形成相同的文化特征，从而导致不同群体在文化上存在差别，即文化差异。我们可以通过服饰、仪式等物质文化层，法律、规范等制度或习俗文化层，以及价值观念等反映不同群体、地区或国家之间的文化差异。尤其是价值观念、行为规范、思维方式等深深地嵌入到人们的身上，不同文化背景下人们的价值观念、思维方式、行为范式等具有差异性，导致人们在异域环境中从自身角度解读当地人的行为，从而产生沟通障碍、关系紧张等文化冲突，也会促进多元文化氛围的形成等有利的影响（Voelpel & Han, 2005）。

由于文化具有复杂性、模糊性和多样性，导致文化差异的测量比较困难，学术界有关文化差异的测量并未统一，但一般是以霍夫斯泰德文化模型、GLOBE 文化模型等为基础进行测量，采用文化距离衡量文化差异程度。文化距离是指不同国家（地区）或民族之间的人在价值观念、风俗习惯、思维方式、行为规范等存在差异的程度（Kogut & Singh，1988；Hofstede，2001），主要体现了国家（地区）之间或者民族之间文化的相似或相异程度（Clark & Pugh，2001；Shenkar，2001）。文化距离主要采用文化维度指数计算法通过公式进行测量，以科古特和辛格（Kogut & Singh，1988）为代表。本书研究一中，主要基于 GLOBE 文化模型对文化差异进行综合测量（详见 3.3.1 章节），从整体上反映了国际人才受到不同国家（地区）与中国各省份之间在文化方面存在差异的影响。

2. 文化差异形成的影响因素

文化差异的产生与人们所生活的人文环境、自然环境、经济环境等密切相关，这些因素对文化差异的影响是复杂的、多样的，需要综合考虑。具体而言有以下几个方面。

一是地理因素，包括地形、气候、位置可接近性、河流丰富性、是否适合农耕等，这会影响到人们的劳动生产率、生活目标、健康水平、经济繁荣、行为习惯、社会交往等，从而影响社会进步、知识共享和共同文化特征的形成，进而导致不同国家或地区的文化差异，如内陆国家集体主义和人际关怀导向更强，而沿海国家更加独立。但这种影响是复杂的，需要综合考虑其他因素。

二是人口因素，包括人口的密度、结构、特点、移民情况、民族多样性等，比如人口密度大则会导致资源稀缺，相互依赖，容忍程度高，权力距离大；民族越单一，文化越紧密，如日本、德国等。

三是宗教因素，宗教会对人们的价值观、行为、信念等造成影响，涉及宗教多样性、多神论，是否存在主导性的宗教信仰等。

四是语言因素，语言是文化的重要要素之一，语言相同的地区更易进行思想和物质的交流，否则会导致沟通障碍，不利于文化融合。研究表明，省略代名词的语言越高，会导致较高权力距离，如汉语。

五是经济因素，包括 GDP、人均 GDP、城乡差异等，经济越发达，管理模式等越易相同，导致价值观和行为的趋同。此外，经济水平与个体主义价值观、高不确定性规避、长期导向等密切相关。因此，经济发展水平不同的国家或地区在文化上会存在差异。

六是政治制度和法律体系，两者与文化是双向的、循环的、相互影响的关系，政治制度会对文化差异产生影响，如资本主义制度和社会主义制度在权力距离、个体主义等方面存在明显差异；法律体系越完备，不确定性规避越高（吉尔特·霍夫斯泰德，格特·扬·霍夫斯泰德，2010；赵向阳、李海和孙川，2015）。

3. 文化差异的影响机理

文化距离体现的是国际人才母国与中国各省区市在文化方面存在差异的程度，该影响具有两面性，既具有积极的作用，又有消极的作用。具体而言，在积极影响方面，第一，文化距离容易激发国际人才创新性想法的产生。由于地理、人口、宗教、语言、经济等因素，不同国家或地区具有不同的文化特点，这些文化特点嵌入到当地国际人才的身上，影响其行为方式、价值观念等。当国际人才来华工作时，面对与之不同的文化环境，会接触到更多新奇事物，如管理方式、管理程序等，激发国际人才对异域文化的好奇心。通过新的文化视角对现有文化信息进行解读、分析，有利于国际人才新颖性和创造性想法的产生，以及创新能力的提升（Godart，Shipilov & Claes，2014）。第二，文化距离有利于知识、经验、技能互补。国际人才来华后，与所合作工作的当地人才的知识结构、技能水平、思维方式等存在差异。在沟通过程中，文化距离的存在有利于双方有更多机会去学习和整合不同的观点，获取异质性知识、管理经验等，从而丰富现有知识结构，增加双方知识存量。尤其是对于文化弱势一方，学习意愿更强，获得的文化距离互补收益更多（Mohammad & Keith，2011）。第三，文化距离有利于多元文化氛围的形成。文化对人的认知、思维、行为会产生影响，中国各省区市吸引世界各国人才来华工作，地区与国家间的文化距离有利于多元文化的交流和碰撞。文化多样性有利于打破常规，带来新思想，形成宽松的文化氛围和高度竞争的社会环境，有助于提高交流的频率，促进人才的流动，从而推动知识的扩散和技能外溢，增加创新的机会和减少创新的成本（潘越、肖金利和戴亦一，2017）。已有研究表明，具有多元文化体验和开放性体验的人更具有创造潜力（Leung & Chiu，2008）。同时，多元文化氛围的地区也具有较强的包容性，对创新型人才的吸引力也越大，进一步促进地区创新。

在消极影响方面，第一，文化距离不利于交流与沟通。一方面，不同文化背景下的人才所具有的思维方式、行为习惯、社交原则存在差异，文化距离增加了理解对方行为和观点的难度，容易产生群体偏见，难以对其文化产生认同，有可能导致不信任，文化冲突，中断交流与合作，从而抑制了信息流动、知识传播和技术转移（Leung et al.，2008；Black et al.，1991；Chen et al.，2010；Morris & Leung，2010）；另一方面，文化距离增强了信息不对称，提高了交流与沟通的成本，导致跨文化沟通不顺畅。双方需要花费更多的时间和精力获得信息、达成决策，因此，会导致信息传递偏差，降低双方知识交流意愿、合作效率等，不利于跨文化协作（Morris & Leung，2010；李琳和郭立宏，2018）。第二，文化距离不利于国际人才的跨文化适应，包括一般适应、工作适应和互动适应。国际人才在异域文化中需要经历蜜月、沮丧、适应、稳定四个阶段，如果文化距离过大，一方面将会导致国际人才无法适应当地文化环境，外派失败率过高，从而导致其价值无法发挥（Black et al.，1991）；另一方面会提高国际人才社会化、跨文化合作的压力，弱化其学习的意愿和动机，降低其知识分享和扩散意愿，从而不利于技术创新（陈春花和王杏珊，2015）。

4. 文化差异的相关研究

（1）文化差异与国际人才。

与区域文化的研究类似，有关国际人才与文化差异的研究大多从微观角度即以外派人员为研究对象进行探索。维安恩、佩特和约翰逊（Vianen，Pater & Johnson，2004）认为文化差异会导致人员产生焦虑、压力，表层的文化差异会影响一般适应，而深层的文化差异影响工作适应和互动适应。科尔科格鲁和卡利朱里（Colakoglu & Caligiuri，2008）研究认为文化距离会调节外派员工与下属子公司的绩效，即文化距离越高，外派员工越不利于子公司绩效。此外，文化距离会调节外派人员跨文化动机与工作适应的关系，即文化距离越低，越有助于增强跨文化动机对工作适应的积极影响（Chen et al.，2010）。国内学者大多将文化差异作为调节变量进行分析，文化差异越大，不仅越有利于跨文化沟通能力对外派人员任务绩效的影响，而且有利于网络紧密程度促进外派人员的一般适应；但对一般适应和任务绩效具有负向影响，而且不利于互动频率对工作适应的影响（徐笑君，2016；周燕华和崔新健，2012）。同时，文化差异越大，越有利于文化智力对外派绩效的影响，但文化差异本身对外派绩效具有负向影响（李卉和汪群，2018）。王泽宇、王国锋和井润田（2013）以文化新颖性为自变量，发现文化新颖性对一般适应、互动适应、工作适应均有正向影响。

（2）文化差异与技术转移。

学者对文化差异与技术转移的研究存在三种观点：一是阻碍作用。一方面由于文化差异的存在，导致信息搜集成本、协商决策成本和监督执行成本提高，从而阻碍国家贸易往来；另一方面文化差异会导致不同文化背景下的人们需求偏好存在差异，不利于合作，而且文化差异的存在，会降低贸易过程中协商沟通的信任感，增加信息搜集成本及进出口决策成本，从而不利于双边贸易（Ellis，2007；Tadesse & White，2010；Guiso，Sapienza & Zingales，2009；Berthelon & Freund，2008；Kokko & Tingvall，2014；万伦来和高翔，2014；陈永伟，2016）。同时，也有学者从文化相似性的角度分析了文化差异对国际贸易的影响，认为文化相似度越高，信任水平越高，沟通误解越少，亲和力越强，越有利于国际贸易的发展（Felbermayr & Toubal，2010；Zhou，2011；Hellmanzik & Schmitz，2015）。

二是促进作用。部分学者认为，文化差异的存在会促进国家之间比较优势的形成。由于文化差异会导致不同国家在产品构思、工艺处理等产生差异，形成多样化的产品，从而形成自身的比较优势，而且产品之间具有互补性，满足多样化的消费需求，实现贸易性互补，促进国家之间的贸易往来（Groot，Linders & Lankhuizen，2011）。同时，文化丰富性及其多样性对文化产品贸易产生正向影响，主要原因在于能够提高对外来产品的包容性和接受度（曲如晓和曾燕萍，2015）。

三是文化差异与技术转移具有非线性关系，当小于门槛值时，文化差异有利于促进对外贸易或双边贸易；当超过门槛值时，则会阻碍双边贸易（Lankhuizen & Groot，2014；阚大学和罗良文，2011；刘洪铎、李文宇和陈和，2016）。这种非线性关系还与出口目的国相关，与向发展中经济体出口负相关，与向发达经济体出口正相关（王洪涛，2014）。

同时，除了考虑文化差异的整体作用，还有学者分析各文化维度的作用，如不确定性规避等维度差异对对外贸易有负向影响，但权力距离等维度差异对对外贸易有正向影响，而且中国进口贸易更易受到文化距离的影响（田晖和蒋辰春，2012；宋一淼、李卓和杨昊龙，2015）。

（3）文化差异与技术创新。

对文化差异与技术创新的相关研究还较少，观点不一致，一是文化差异具有双刃剑作用，如在跨国并购中，一方面阻碍了关键知识转移的可理解性和组织之间的沟通效果，另一方面对获取绩效的可理解性和沟通具有积极影响（Reus & Lamont，2009）。在跨国并购中，人员整合不利于创新输出，而任务整合相反，文化差异负向调节人员整合与创新的关系，在任务整合与创新之间起到"U"型调节作用，而且文化相似性更有利于创新（Bauer，Matzler & Wolf，2016）。王公为和彭纪生（2014）研究认为文化距离大，会导致知识损耗、阻碍沟通、降低知识转移效率、增加知识转移成本等而不利于创新，也能增加知识丰富性、增强新商业实践的探索，而且是互补性的来源，有助于技术创新。通过检验发现国际多元化对企业创新具有显著促进作用，并受到文化距离的正向调节，但文化距离不利于并购企业之间有关知识的吸收与相关资源的整合，所导致的创新负效应也更大。二是阻碍作用，朱治理、温军和李晋（2016）研究认为，文化距离小，则交流障碍小，有利于企业技能吸收，有利于降低管理协调、信息交流等方面的成本以及促进知识共享等，经过检验证实了文化距离大则会阻碍并购企业之间知识的吸收以及资源的整合，导致海外并购不利于收购企业的技术创新。李琳和郭立宏（2018）认为文化距离大，可能导致信任关系难以建立，信息交流解释成本高、知识传递失误等，从而阻碍跨国知识转移，且受到知识吸收国文化严格程度的调节。

2.3.3　关系文化

1. 关系文化研究的起因

本书之所以选择关系文化作为中国特色文化代表之一进行研究，主要有两方面原因。首先，作为中国文化的主体部分，儒家文化对中国的影响深远，其中"仁义礼智信"为儒家文化中的"五常"，贯穿于中国伦理的发展，是中国价值观的核心成分。关系文化与儒家文化密不可分，其中"仁"是关系文化的核心，强调人际交往中以仁爱、和谐为准则；"礼"是关系文化的手段，强调君臣、父子等五伦，以宗亲关系为核心构成亲疏有别（血缘、姻缘、地

缘、学缘等）的关系网络，并强调群体利益大于个体利益。由此可
见，在中国文化中，关系文化以家庭关系为核心，并以此建立和调
整与同乡、同窗、朋友等之间的关系，形成亲疏有别的关系网络，
达到和谐、友善的人际关系（庄贵军，2012）。关系文化对中国社
会生活与经济活动影响深远，一方面关系文化为偏私行为提供合理
的依据，以关系打破规则，以宴请、赠礼等获取资源，影响社会活
动和商业交易；另一方面关系文化成为信任资源获取的基础，儒家
文化将信任建立在家庭关系上，超出家庭关系则信任水平下降，需
要通过同乡、同窗等关系增强信任，为社会活动和商业交易提供保
障（叶文平、李新春和朱沆等，2016）。基于此，将关系文化作为
中国特色文化之一，分析其对国际人才与技术创新之间关系的影响
具有一定的合理性。

其次，西方国家与中国在社会文化、政治体制等方面大相径
庭，因此，管理学的研究需要在中国情境下进行探索，而非直接套
用西方理论框架及研究结论（Tsui，2004）。以上文化的研究
（GLOBE 文化模型、霍夫斯泰德文化模型等）是西方文化特征的总
和，是描述西方文化的恰当概念，但并不一定完全适用于中国文化
研究，需要采用本土概念来解释中国人的行为（黄光国，2006）。
在中国文化研究中，"关系"是理解中国社会结构较为核心的社会
文化概念之一（金耀基，1992）。由于历史进化方式不同，西方关
系文化更多强调契约性、关系对等、个人主义、经济关系，中国社
会关系文化更多地强调社会伦理、差序格局、集体主义、情感性关
系，两者存在较大差别（董雅丽，2006），导致人际关系导向和小
团体主义与中国社会关系文化不同。同时，关系这一概念在西方主

流文献中被国外学者所熟知与接受（Chen & Chen，2004；刘林青和梅诗晔，2016）。因此，本书从关系文化的角度进行相关研究符合国内外研究趋势。

2. 关系及关系文化的含义

关系文化根植于以儒家文化为主导的中国传统文化中，能够影响中国人的行为习惯、商业活动等方方面面。界定关系文化前，需要了解关系的含义。目前，有些学者将关系与 relationship、connection、social capital、networking 等相对应，但并未全面反映关系的全面内涵。有些学者给出了关系的定义，但并未统一，如黄光国（Hwang，1987）认为关系是两人之间互惠的人情交换关系，注重网络、信任、承诺、互惠和长期的收益；洛维特等（Lovett et al.，1999）指出非正式关系与恩惠交换网络能够影响亚洲国家的商业活动；关系是个体之间的联结，受到隐性心理契约的束缚，一般会遵循一定的社会准则，例如，长期关系的维持、相互承诺、忠诚与义务等（Chen & Chen，2004）。出此可见，关系是指以两人或多人为单位，所构建长期的、非正式的、相互承诺的、互为恩惠的、可转移的联系。

关系可以分为不同类别，标准不同，分类也不同。其中，黄光国（Hwang，1987）根据工具性成分和情感性成分比例，将关系分为三类，即工具性关系、情感性关系和混合性关系，该划分最为经典，其中工具性关系适用于公平法则，主要是指为了获取资源而与陌生人建立的关系，是短期的，不稳定的；情感性关系适用于需求法则，主要指家庭中的人际关系，是长期的，最为稳定的；混合关系适用于人情法则，主要是个人及家庭外的熟人关系，如亲戚、同学、同乡等。其他关系很难突破心理隔离区进入情感关系，而工具性关系可以穿过心理隔离区变为混合性关系。此外，还有学者将关系划分为义务型（家庭、家族、姻亲等）、互惠型（邻居、同乡、同事等）、功利型（一般熟人，不包括陌生人）（Zhang & Zhang，2006）。根据关系的来源，可以将关系划分为传承性关系、嵌入性关系、渐生性关系和开发性关系（庄贵军，2012）。宏观层面上根据研究对象不同，可以将关系划分为企业与企业之间的关系、企业与政府之间的关系（Peng & Luo，2000）。由以上划分可以看出，关系具有亲人关系—熟人关系—生人关系的层次性，即中国关系体现为差序格局，呈现出以自己为核心，家庭成员、亲戚、朋友、同事等由近及远所形成的一个个同心圆（费孝通，2007）。

在中国情境下，关系文化是以儒家文化为基础，随着历史的演进而形成的中国普遍认可的人际交往规则、行为准则和社会关系规范，具有较强的约束力（李新春、叶文平和朱沆，2016）。关系文化属于非正式制度，因地区经济发展水平、文化传统、制度执行效率等的不同而存在地区差异性（叶文平等，2016）。因此，可以将关系文化定义为地区内个人或组织对关系网络的认同、构建及维护，所形成的一种约束公众行为的文化价值体系（刘锦、叶云龙和李晓楠，2018）。董雅丽（2006）认为狭义的关系文化是指人们在关系认知、关系处理、关系活动中所普遍认可和遵循的法则、规范以及行为方式；广义的关系文化是指关系活动开展过程中涉及的思想、意识、规范等。结合关系的概念及其分类以及文化的概念可知，关系文化是以儒家文化为基础形成的人际交往方面的文化价值观体系，强调仁爱和谐，具有群体共享性，是群体普遍认可的人际交往观念、行为规范；具有群体差异性，由于经济发展水平、文化传承等所导致；具有亲属有别、差序格局，即以宗亲为核心，以朋友、同事等由近及远而构建关系网络；具有较强约束性，违反则导致声誉受损和丧失合法性。因此，作为外来工作者，国际人才必然受到与母国存在较大差异的中国关系文化的影响，本书研究三、研究四对此加以探讨。

3. 关系文化的影响机理

关系文化对国际人才与技术创新之间关系的影响包括三点：第一，关系文化不利于国际人才与国内人才信任关系的建立。由于中国文化中，关系文化以家庭关系为核心，并以此建立和调整与同乡、同窗、朋友等之间的关系，形成亲疏有别的关系网络（庄贵军，2012）。亲缘关系以外的群体很难突破心理隔离区（Hwang，1987），构建比较良好的关系，从而不利于信任关系的建立。因此，国际人才为了突破国内人员的心理防范，需要投入较多的时间和精力，以此获得相应的信息与资源、合作机会。第二，关系文化阻碍跨文化适应。关系文化已深入到中国生活与经济活动的方方面面，具有合法性和普适性，约束力和束缚力较强。国际人才需要遵守关系规则来获取资源，与国际人才已有的观念冲突，从而导致人际焦虑、沟通不适，削弱国际人才交流、学习以及知识分享的意愿，不利于跨文化协作（Morris，Podolny & Sullivan，2008）。第三，关系文化增强人的保守性，而来自保守型文化的人才不易接受外来的创新，不利于与宽松型文化的国际人才进行交流与合作，阻碍创新知识的获取（Chua，Roth & Lemoine，2014）。

GLOBE 文化模型九大文化维度虽然较为全面概括了文化，但是基于西方情景下问卷设计测量的结果，无法有效反映中国情境下的文化特征。因此，为了反映国际人才如何受到与母国文化存在较大差异的中国特色文化的影响，本书研究三、研究四采用国内外学者普遍认可的"关系"文化进行分析。

4. 关系文化的相关研究

现有研究大多从关系的角度出发，以个体为单位探讨了关系的影响，虽然忽略了群体互动的影响以及群体的联合作用，但对本书研究具有较强的启发性，在此加以分析。在组织绩效方面，学者认为商业关系和政府关系的影响存在差异，前者对经营绩效具有显著影响，而后者对经济绩效影响更大。同时，对于中国的组织来说，商业关系和政府关系都比海外中国的组织更为重要，且政府关系更有利于国有企业发展，政府关系更有利于国有企业发展（Luo et al.，2012）。此外，关系还影响市场绩效（Gu，Hung & Tse，2008）。在组织行为方面，关系影响高管对下属的信任（Farh，Tsui & Xin et al.，1998），人际关系实践有利于员工公平感知，而群体关系实践不利于员工公平感知（Chen et al.，2011）等。在知识转移方面，外国投资者需要与当地合作伙伴和政府建立良好的关系，以形成信任氛围，这样才有利于获得当地政府的支持，并与之具有相同的观念，从而为知识的转移提供保障（Buckley，Clegg & Tan，2006）。在创新方面，关系有利于新产品研发，在积极主动性的企业中，关系显著影响创新能力（Zhang & Hartley，2018）；政治关系在创新阶段通过获取资源和试验学习影响新产品创新，并在创新占有阶段增强新产品创新对新产品绩效的影响（Shi & Cheng，2016）。此外，关系对营销中企业合作具有间接影响

（Zhuang，Xi & Tsang，2010）；关系启动阶段和关系维护阶段，关系实践对零售商满意度和承诺具有相反的影响（Chen，Huang & Sternquist，2011）。家庭关系、商业关系和社区关系有利于改善信息可获得性，而家庭关系和政府关系则强化资源可用性，从而有助于企业家成功（Chen，Chang & Lee，2011）。

由以上研究可以发现，关系的积极作用比较明显，但也存在负向影响，主要是由于以下原因，一是企业为构建良好的关系需要投入成本，并在获得好处后需要偿还人情，不利于组织间合作（Chen，Chen & Xin，2004；Chen，2009）；二是形成关系依赖惯性，容易引发市场反应迟钝，导致集体性无意识出现（Gu et al.，2008）；三是可能导致腐败，获取不正当利益，使得中心成员受益，而整体利益受损（Warren，Dunfee & Li，2004），如群体关系实践不利于员工公平感知（Chen et al.，2011）；关系会导致企业绩效下降，而且受到关系投资和组织间信任的调节（Nie，Zhong & Zhou et al.，2011）。

国内学者也对关系进行了探讨，主要存在三种观点，一是有利作用，有学者认为同乡关系、政治网络、商业网络、亲友关系网络以及海归的国内社会网络有利于企业成长、企业技术创新、组织合法性获取等（张枢盛和陈继祥，2014；田宇和杨艳玲，2017），对资源贡献度、运作协调度等具有正向影响（杨洪涛等，2011）。同时，人情、面子会抑制投机行为，并受到感情的中介（张闯、徐佳和杜楠等，2016），而且关系导向战略与创新导向战略具有相互促进作用（周小宇等，2016）。二是不利影响，有学者认为政治关系对劳动收入份额、研发投入倾向等具有负向影响（魏下海等，2013；陈爽英，井润田和龙小宁等，2010）。三是双重观点，如海归国内社会网络对科研产出、企业绩效具有正向影响，但存在边际效应递减趋势，甚至在企业规模扩大后不利于企业发展战略的实施。国内社会网络越丰富，则越需要增加更多的研发投入，才能促进企业获得较高的创新绩效（陈代还等，2015；赵文和王娜，2017）。

目前有关关系文化研究的内容较少，叶文平等（2016）认为中国关系文化与市场化程度、儒家文化密切相关，各地区存在差异性，并与腐败水平、商会活动强度具有显著相关性，属于具有较强约束性的非正式制度。地区关系文化对新创企业具有约束性，但市场化水平、政治联系和业绩期望则有助于新创企业挣脱地区关系文化的束缚（李新春等，2016）。刘锦等（2018）发现地区关系文化是正式制度的有利补充，能够促进企业创新，但随着地区关系文化的增强会产生替代效应，抑制企业创新，即两者存在倒"U"型关系。

通过以上研究可以发现，国内外学者已对关系或关系文化进行了研究，对关系及关系文化的积极作用或消极作用有了一定程度上的认识。但在人才领域和创新领域中有关关系文化的研究还不够丰富，需要进一步探讨。

2.4 技术创新

在前文中，本书已对技术创新与国际人才、技术转移、文化差异等之间关系的相关研究进行了分析，此处不再论述，仅对技术创新的含义加以界定。

　　熊彼特（Schumpeter）于 1912 年最早提出创新的概念及其理论，其基本观点为创新主要产生于生产过程，主体是"企业家"，实质是在原有条件下对生产要素的重新组合而不是要求必须有新的发现，具体包括生产新产品、利用新生产方法、开辟新市场、采用新原材料或半成品、组建新产业组织形式。同时，熊彼特（Schumpeter，1939）认为技术创新需要大量人力、物力、财力的投入，而具有一定规模的企业能够承担资源压力，更有助于技术创新，且企业规模越大越有利于规避风险，发挥规模经济效应，从而在创新活动中的优势更为明显。继熊彼特之后，索罗（Solow，1951）提出了经典的"两步论"，即认为技术创新产生的条件为新理念的出现及新理念的实现。此外，弗里曼（Freeman，1982）则认为技术创新是指新产品（过程、服务与系统）的首次商业化。国内学者项保华和许庆瑞（1989）认为技术创新起源于新思想，通过新产品或服务实现满足消费者需求的过程。傅家骥（1998）则提出与熊彼特类似的观点，认为技术创新是科技活动、生产活动、市场活动等的组合，开发形成新工艺、新产品、新材料、新组织结构等一系列的综合过程。由此可见，技术创新指的是起始于新思想的产生，通过生产活动、市场活动等，最终形成新产品或新服务以满足消费者需要的过程。

　　技术创新是一个复杂的过程，为了对技术创新加以研究，国内外学者一般采取代理变量对其加以衡量，比如研发经费投入等投入性指标、专利数以及新产品产值等产出性指标。其中，专利是对技术产出的测度，与市场较为接近，具有潜在的市场价值，而且技术含量高，是各个领域的同质测度，数据来源具有权威性，体现了技术创新水平，因而受到学者的青睐。在专利中，发明专利的技术含量最高，与国际人才高学历、高素质、高能力的情况较为相符。因此，本书研究中选择发明专利受理数作为技术创新的替代指标（详见 3.3.1 章节）。

2.5　理论基础

2.5.1　人力资本理论

人力资本思想萌芽于 17 世纪，威廉·配第最早在《政治算数》一书中肯定了人的价值。此后，亚当·斯密在《国富论》中认为通过教育、学校和做学徒来学习获得才能，这种有用的才能属于固定资本，能够提高收入或利润。进入 19 世纪后，约翰·穆勒、李斯特、马歇尔等学者进一步发展和完善了人力资本思想，如李斯特提出的"精神资本"概念与当代人力资本概念较为接近，强调教育投资对人技能、技艺学习的重要性，有利于劳动生产率和产出的提高（逯进和周惠民，2012）。20 世纪 60 年代，人力资本理论开始形成，舒尔茨和贝克尔是该理论的核心代表，其中舒尔茨具有以下观点：一是人力资本是指人们所具有的知识、经历、经验、技能和熟练度等；二是人力资本需要投资才能形成，可以通过教育培训、医疗保健支出、在职培训、就业迁移、成人教育等途径实现，其中教育是关键，能够提高个人收入，缩小社会成员间的差距；三是人力资本有利于推动经济增长和提高个人收入水平，并对人力资本加以量化和证实（舒尔茨，1990）。舒尔茨主要从宏观角度对人力资本进行了研究，使人力资本在经济发展中扮演着重要角色，从而对后期人力资本理论快速发展起到促进作用。贝克尔则从微观角度进行研究，其核心观点在于：一是认为健康和时间也是人力资本的重要成分，而且有助于人力资本使用效率的提高；二是拓宽了经济学研究领域，如人员由于参加学习、培训而未参加劳动导致了收入损失；同时认为家庭在人力资本投资中扮演重要角色，对于孩子的人力资本投资，父母会进行成本—效用分析，当家庭收入增加时，投资也会增加，有利于获得更高收益率；三是建立人力资本投资均衡模型，即人们是否进行人力资本投资与该投资的边际收益与边际成本所达到的均衡点密切相关。

人力资本理论依附于经济增长理论而逐渐完善，其中新经济增长理论将人力资本视为核心生产要素，所构建的经济增长模型标志着人力资本理论应用进入新阶段。新经济增长理论主要以罗默、卢卡斯为代表，其中罗默将知识作为要素引入模型，认为资本积累能够促进生产规模扩大和劳动分工细化，从而有助于劳动者在实践中获得更多专业知识，同时知识具有溢出效应，使其他单位在知识流通中获得益处。卢卡斯认为人力资本积累途径可以分为内部效应和外部效应，内部效应是通过学校正规教育获得，外部则通过"干中学"在实际工作经验中产生，能够产生边际收益递增效应，促进经济增长（郭龙和付泳，2014）。

在本书研究中，国际人才通过在国外学习或工作，获得国际化管理与运营能力、跨文化沟通与合作能力以及专业技术能力等，国际化意识强，素质高，属于高层次人力资本。同时，国际人才还可以通过网络效应进一步提高自身人力资本水平，并通过职位挤出效应、员工流动效应、产业集聚效应等（李平和许家云，2011），促进本土人力资本的提升，从而有助于技术创新和经济增长。因此，本书研究基于人力资本理论，能够有效分析国际人才与技术创新的关系。

2.5.2 社会资本理论

社会资本的概念最早由布迪厄（Bourdieu，1997）提出，认为社会资本是个人或团体所拥有社会关系的总和，需要通过社交活动、共同的兴趣爱好等取得与维持。社会资本是一种有价值的资产，能够对个人人力资本、国家经济发展等产生作用（Berggren，Elinder & Jordahl，2008）。社会资本主要可以分为微观、中观、宏观三个层次（Brown，1997），其中微观层次主要强调个人通过社会关系获取外部信息、知识、机会等资源；中观层次主要强调个体在网络结构中的位置及其所能获得的资源为个体所带来的利益；宏观层次主要研究大型网络或社会系统中的文化、信任、社会信念、规则、规范、制度等如何相互影响彼此具有联系的社会实体和网络中的资源创造。纳哈皮特和戈沙尔（Nahapiet & Ghoshal，1998）认为社会资本是群体中人际关系网发展出的信任、合作及行动者带来的资源，并将其划分为三个维度，即结构维度（网络连带、网络结构、可用组织）、认知维度（共有符码、共同语言、共有叙事）和关系维度（信任、规范、认同、义务）。社会资本还可以分为内外两部分，其中外部社会资本包括微观层次和部分中观层次（个体在社会网络中的结构位置），主要强调个体或群体通过外部社会关系获取外部资源；内部社会资本包括宏观层次和部分中观层次（群体内部的结构形态），是指群体内部的连带有助于提升群体行动水平或凝聚力，属于集体层面的概念，包含了关系维度的内容，如信任、规范与认同（Paul & Kwon，2002）。普特南（Putnam，1905）认为社会资本是指社会组织信任、规范及网络等特征能够促进合作行为以提高社会效率。

基于以上分析可知，社会信任属于内部社会资本或者较为宏观层次的社会资本，它是一种有利因素，体现为个体对他人所表达的善意，能够促使社会个体或群体为了实现共同目标而进行资源交换、彼此合作。同时，社会信任在不同文化中来源不同，在英美国家，社会信任主要来自制度与规范，而在中国、意大利等国家，社会信任则建立在两两连带上，如血缘、地缘连带、人情交换（Fukuyama，1995）。关系文化则属丁外部社会资本或较为微观层次的社会资本，以国际人才为中心，与外部构建联系以获取并控制相应的资源，从而获得更多机会，以解决企业问题、提高企业绩效（Acquaah，2012）。例如，有学者认为政治关系有利于企业家及时获得国家政策信息、创新资源和投资融资支持等，从而引导企业家加强创新投入，促进技术创新（刘力钢和董莹，2018），也有学者认为企业家在获取相关资源后，不愿从事时间长、风险高的创新项目（陈爽英等，2010）。同时，国内外学者从宏观层面分析了社会资本通过影响资源交换、相互合作、资源共享等对企业创新如创新活动、交易成本、创新程度等的积极贡献（Tsai & Ghoshal，1998；

Blomqvist，2005；李金龙和熊伟，2012）。基于此，本书中利用社会资本理论分析社会信任、关系文化、政治关系在国际人才技术创新效应中的作用。

2.6 文献评价

通过以上文献与理论分析可知，国际人才流动、技术创新、海归创业、社会网络、外派等是国际人才领域研究的热点，国内外学者在国际人才等相关领域已经取得了一定的成果，但还存在许多问题，需进一步深入探究，如在非制度文化因素方面，国内外研究还不足。具体表现在以下方面。

首先，学者较为强调教育因素、经济因素、社会网络等对国际人才流入或流出的影响，但还缺乏从非制度性因素等方面的实证分析，如文化差异、权力距离、不确定性规避等。

其次，许多学者从微观角度考察了文化距离、国家文化等对外派人员类国际人才跨文化适应、知识转移等影响。宏观层次上大多揭示了国家文化或民族文化某一维度对技术创新的影响，较少涉及国际人才、技术创新方面的研究。国际人才对一国经济的发展、技术转移、技术进步具有重要影响，且受到制度环境等限制，已成为学者的共识，但对国际人才影响技术创新中介机制还缺乏深入研究。

再次，现有研究大多基于霍夫斯泰德文化模型分析文化某一维度的影响，结果并不一致，而且霍夫斯泰德文化维度模型存在一定的缺陷，受到质疑。同时，较少考虑文化差异对技术创新的影响，而且有关研究大多数存在于跨国并购绩效中。此外，相关研究大多基于国家层面，对一国内部区域层面文化差异的研究较少探讨，尤其是对于省域众多、文化差异较大的中国来说研究较少。

最后，由于中国是一个多民族、多宗教、多方言的国家，疆域广阔，历史悠久，由此形成了多元性的文化。其中，关系文化与儒家文化密切相关，并得到国内外学者认可，但大多以个体为单位展开研究，在国际人才领域还缺乏探讨。

基于以上分析，本书基于文化差异视角深入分析国际人才与技术创新的关系，具体分为四个研究，其中研究一主要揭示了技术转移的中介作用，重点分析了文化距离（文化差异程度）对国际人才、技术转移与技术创新之间关系的影响，以期从整体上了解文化差异的作用。研究二主要基于 GLOBE 文化模型，从九大文化维度角度详细分析了区域文化对国际人才与技术创新之间关系的影响，并通过不同人才类别和不同国家（地区）加以检验，以反映文化的多样性、差异性，对研究一进一步深化。研究三分析关系文化对国际人才与技术创新关系的影响，基于中国情境下的概念研究更具有中国特色，由此突出中国特色文化的作用，深化文化影响的研究，对研究二进一步拓展。研究四属于个体层次，强调国际人才个人如何受到政治关系（政商文化）、关系投入（关系成本）约束以及个人特征如自信水平和人力资本如何影响技术创新。本书四个研究不断深化与拓展，有助于基于文化差异视角深入地理解国际人才对技术创新的影响机制。

第 3 章
研究一：文化距离、国际人才与技术创新

■ 3.1 研究问题的提出

人才是知识经济时代最为核心的生产力，是国家经济发展、社会进步、技术创新的关键资源。由于国际人才具有独特的人力资本优势，所以中国正从大量的国际人才跨国流动中受益，国际人才对中国产业升级、经济发展、技术进步、技术创新、创新效率等正向影响已得到相关学者的验证（李平和许家云，2011；高文书，2011；李平和张玉，2012；陈怡安和杨河清，2013；陈怡安，2016；李春浩和牛雄鹰，2018），但此判断可能高估了国际人才的作用，主要原因在于国际人才对技术创新的影响受限于各地区的吸

收能力，而地区吸收能力与各种制度因素或非制度因素密切相关（陈怡安，2018），如人力资本、基础设施以及文化因素等。

对国际人才来说，跨文化适应是一项巨大的挑战，由于文化具有复杂性、模糊性和多样性，为了研究文化差异的影响，国内外学者一般以霍夫斯泰德文化模型、GLOBE 文化模型等为基础，采用文化距离从整体上衡量文化差异程度，用以体现国家（地区）之间或者民族之间文化的相似或相异程度。文化距离大会引起国际人才的跨文化适应问题，如认知冲突、焦虑、人际关系紧张等，从而不利于工作绩效、知识共享、知识转移或创新能力的发挥等（Tung，1981；Black et al.，1991；Finestone & Snyman，2005；Leung et al.，2008；Chen et al.，2010）。同时，文化距离也有利于思想碰撞、知识互补、技术创新等（Leung & Chiu，2008；Simonton，1996；Morris & Leung，2010）。但现有对文化距离的研究大多集中于跨国公司并购中的知识转移、国际贸易、技术创新方面（Bauer，Matzler & Wolf，2016；Lankhuizen & Groot，2014；王公为和彭纪生，2014），而较少有学者从宏观层次上对文化距离在国际人才领域的作用进行研究。部分学者从微观层面探讨了文化距离对外派人员知识转移、跨文化适应的影响（Chang et al.，2012；王泽宇等，2013），对本书研究给予一定启发意义。同时，现有研究大多探讨国际人才对技术创新的直接影响，而很少探讨其内在机制，无法有效掌握国际人才对技术创新影响的间接途径。

基于以上分析，研究一主要问题有两个，一是国际人才如何影响技术创新？主要探讨技术转移在国际人才与技术创新之间的中介作用，以便更好地掌握国际人才影响技术创新的途径；二是文化距离如何影响国际人才与技术创新的关系，如何在国际人才、技术转移、技术创新两两之间起作用？研究一的主要价值在于一方面丰富了文化差异领域和国际人才领域的相关研究；另一方面丰富了技术创新前因内容的研究，提高了模型解释能力。同时，为国家与地方政府采取有效的措施以促进国际人才技术创新能力的发挥提供理论参考。

3.2　理论分析与研究假设

3.2.1　国际人才与技术创新

国际人才指的是具备在国际工作的能力、知识与技能，并对经济全球化的发展做出贡献的人才，一般具有国际化工作经验、国际化意识和国际化能力（丁进，2010；吴从环，2002），属于高层次人力资本，会对技术创新产生影响。首先，国际人才具有人力资本效应。根据人力资本理论，国际人才通过在国外受教育或者工作获得知识、技能的提升，而具有国际化意识和较高的专业技术知识，从而能够促进企业创新投入和产出（张信东和吴静，2016），并能够产生知识溢出效应、技术转移效应和扩散效应（杨河清和陈怡安，2013；Le，2008；范兆斌，2015），有利于地区技术创新或技术进步。其次，网络效应。根据社会资本理论，国际人才具有国内外双重网络，能够利用国外网络获取技术资源、信息资源、机会等，促进母国与流入国的商业和技术交流，吸引国外投资和贸易，从而有利于提高技术创新绩效和放大技术溢出效应（Kerr，2014）。再次，竞争效应。国际人才流入会减少相关领域的就业机会，产生"职位挤出效应"，激励国内人员通过再教育或培训提升自身技术水平，从而有利于技术吸收能力和自主创新能力提升，进而提高本土创新水平（孙早和刘坤，2014）。最后，外部效应。国际人才不仅有利于本企业技术创新，还可以作为相邻企业的标杆，有利于相邻企业创新投入和技术创新水平的提升（Luo，Lovely & Popp，2017；Liu et al.，2010）。此外，国际人才还能够通过员工流动效应、产业集聚效应，促进技术扩散（李平和许家云，2011）。基于以上分析，提出以下假设：

假设 3-1：国际人才对技术创新具有正向影响。

3.2.2　国际人才与技术转移

技术转移是指一国或地区的技术、知识、成果等被另一国家或地区吸收或利用，以转化为本国技术知识的过程（Fransma，1986）。国际人才可以通过转移资金、技能和专业技术知识，促进国家或地区间的交流与合作，从而促进技术转移（Saxenian & Hsu，2001）。作为跨国技术转移的主要渠道之一（崔新健、郭子枫和常燕，2014），进口贸易受到国际人才影响的原因在于，一是信息传递效应，基于社会资本理论可知，国际人才在国外工作或学习，形成了个人的人力资本、社会资本，有利于资源、信息的获取，语言、文化、习俗、价值观、规范等社会资本会随着国际人才的流入而进入中国，从而有助于国际人才来源国与中国构建良好的关系，促进国内商业信息的获取（Schiff，2002），避免信息不匹配所导致交易失败，并为国家之间创造更多的贸易机会，促进国家之间的贸易往来（Felbermayr et al.，2010）。二是增强互信水平，信任、规范与认同是社会资本主要内容之一，镶嵌在国际人才身上，国际人才所具有的契约精神、法律意识等有助于国家与地区之间社会网络的形成，促进合作关系的建立，提高契约执行力度，提升贸易效率，促进贸易发展与维持（Putnam，1905；Rauch，2001）。三是降低交易成本，一方面在于国际人才对母国市场知识、信息的掌握以及跨文化交流的顺畅，减少了贸易交流合作的摩擦；另一方面国际人才具有母国的社会网络，同时也构建了一定程度的国内社会关系，由此构成了国家之间的社会网络，有助于克服国际贸易中的非正式壁垒，降低交易成本，促进国际贸易发展（Docquier F et al.，2012；Artaltur & Ghoneim，2015；魏浩和袁然，2017）。基于以上分析，提出以下假设：

假设3-2：国际人才对技术转移具有正向影响。

3.2.3 技术转移的中介作用

作为技术转移的重要渠道之一，进口贸易对技术创新具有重要影响，具体表现在以下方面：首先，进口贸易具有直接作用。在进口的商品和服务中，会隐含着一些先进的技术和知识。进口国家可以以较低的成本获得相关技术和知识，通过引进、模仿、吸收、创新，在"干中学"中快速获得新技术。同时，避免时间、人力、资本等大量投入，使更多的资源投入到创新活动中来，从而有助于提高自身技术创新水平（Coe & Helpman，1995；Liu & Buck，2007；Fernandes，2007）。这有可能使得进口国在发展过程中产生"后发优势"，缩小与出口国之间的技术差距。尤其是信息技术的贸易，更有助于企业的快速吸收和利用，技术进口贸易对进口国的技术创新贡献率可以达到93%（Keller，2004；Madsen，2007）。其次，进口贸易具有间接作用。由于国外进口的商品或服务受到国内消费者欢迎，挤压了国内市场空间，导致国内市场竞争激烈。为了避免被市场淘汰，迫使进口国企业加强研发或创新（王华等，2010；李平和姜丽，2015），企业研发强度的提高更有助于强化进口贸易的技术溢出效应（Parameswaran，2011）。最后，进口贸易有助于国内资源优化配置。进口不同类别的商品或服务，能够为进口国提供多元化的生产要素和先进技术、知识，有助于进口国资源优化配置、产业升级，从而间接促进进口国的技术创新水平（李平和姜丽，2015）。基于以上分析，提出以下假设：

假设3-3：技术转移对技术创新具有正向影响。

国际人才一方面具有先进的知识、技术、技能，另一方面通晓国际市场规则，具有较强的跨文化沟通能力和国际化运作管理能力。此外，国际人才在国外构建了较强的社会网络，有助于及时获得外部信息，掌握较为前沿的知识、技术、市场信息。因此，国际人才流入中国后，能够发挥人力资本效应、网络效应和竞争效应，有助于提高中国的技术创新水平（李平和许家云，2011）。同时，国际人才流入中国，能够发挥网络效应，获取国外市场信息、贸易机会，促进中国与其来源国合作关系的建立，降低贸易摩擦和成本，提高双方互信水平，促进贸易往来，提高贸易效率。对于进口国来说，为扩大商品或服务进口的效用，一方面可以通过有效的模仿、吸收商品或服务中所隐含的新知识、新技术、新理念，提高自身创新能力（Fernandes，2007）。另一方面为了避免在市场竞争中被国外企业所淘汰，国内企业通过人力资本投入，提高吸收能力，能够更有效地吸收新知识、新技术（Parameswaran，2011），并通过进一步加强研发投入，提高商品与服务的技术含量，提高创新水平。由此可见，国际人才对技术转移、技术创新分别产生正向影响，而技术转移也正向影响技术创新。基于以上分析，提出以下假设：

假设 3-4：技术转移在国际人才与技术创新之间起中介作用。

3.2.4　文化距离的调节作用

文化距离是指不同国家（地区）或民族之间的人在价值观念、风俗习惯、思维方式、行为规范等存在差异的程度（Kogut & Singh，1988；Hofstede，2001），主要体现了国家（地区）之间或者民族之间文化的相似或相异程度（Clark & Pugh，2001；Shenkar，2001）。文化距离对国际人才与技术创新的影响具有双面性，在积极影响方面，一是文化距离可以增强双方好奇心，带来相互学习、知识分享的机会，有利于知识获取，丰富知识结构和知识存量；二是国际人才在新的文化环境中能够接触到更多新鲜事物，可以从新的文化视角进行解读、分析，有利于产生新颖的和有用的想法（Morosini et al.，1998；Nielsen & Gudergan，2012）；三是文化距离有利于多元文化氛围的形成，文化距离意味着不同文化的碰撞与交流，不仅有利于打破常规，带来新思想，提高交流频率，增加了创新的机会，而且多元文化氛围会增强人才吸引力，进一步反哺当地发展（潘越等，2017）。已有研究表明，不同文化背景下的团队更有利于探索性能力的形成（Mejia & Palich，1997），具有多元文化体验和开放性体验的人更具有创造潜力（Leung & Chiu，2008）；相比在一个国家长大的人而言，第一代或第二代移民更具有创造力，比如在美国出生的中国人在获得文化认同后更具有创造性（Simonton，1996；Morris & Leung，2010）。

在消极影响方面，一是文化距离过大可能会导致跨文化沟通不顺畅，增加相互理解和学习的难度，提高交流成本，放大不确定性，引起不信任和文化冲突，由此制约国际人才知识技术转移和技术创新能力的发挥（Leung et al.，2008；Chen et al.，2010；Morris & Leung，2010）。二是文化距离会影响国际人才的跨文化适应，包括一般适应、工作适应和互动适应。文化距离大则不利于国际人才的跨文化适应，可能导致国际人才过早离开而无法发挥价值（Black et al.，1991）；文化距离大提高了其社会化和跨文化合作压力，降低其知识学习和知识分享意愿（陈春花和王杏珊，2015）。为了对以上分析进行验证，提出以下假设：

假设3-5：文化距离在国际人才与技术创新之间起负向调节作用。

在国际人才与技术转移方面，一方面文化距离越大，越有可能导致沟通障碍，越会提高信息搜集、协商决策、监督执行等方面的成本；而且文化距离大易导致信息不对称，不利于信息分享网络的构建（Rauch & Trindade，2002）；同时，也会降低双方的相互信任程度，不利于双方交流与合作，增强了双方贸易的难度，提高了双方的交易成本，不利于国际贸易的发展。另一方面具有不同文化背景的消费者需求偏好存在差异，文化相似或具有较高文化认同感的消费者，对商品价值的认同感也较为相似，因此会表现出类似的需求偏好，从而更有利于国际人才从事国际贸易活动，而文化距离过大则会导致较大差异的需求偏好，阻碍双边贸易发展（Tadesse & White，2010；万伦来和高翔，2014；陈永伟，2016）。同时，文化相似性越高，越有利于沟通交流，避免文化冲突，从而有利于国际贸易（Felbermayr & Toubal，2010；Zhou，2011；Hellmanzik & Schmitz，2015）。但也有学者认为，文化距离有利于多样化商品的形成，使产品具有互补性，满足消费者对异域文化或商品的好奇心和探知欲望，实现贸易互补，产生进口替代效应（Girma & Yu，2000；Groot et al.，2011；曲如晓和曾燕萍，2015）。因此，适度的文化距离是有必要的，即当文化距离小于某一门槛值时，文化距离对国际贸易具有正向影响，更有利于国际人才进行贸易活动；超过某一门槛值时，将阻碍国际贸易发展，对国际人才的贸易活动产生抑制作用（Beugelsdijk et al.，2004；Lankhuizen & Groot，2014；阚大学和罗良文，2011；刘洪铎等，2016）。基于以上分析，提出以下假设：

假设3-6：文化距离在国际人才与技术转移之间起负向调节作用。

在技术转移与技术创新方面，文化距离的影响主要体现在技术知识的吸收方面，已有研究表明，进口国家更容易从近距离国家获得进口贸易的技术溢出（Mercedes & Joaquín，2009），主要原因是对于相似文化背景下的商品或服务，所隐含的技术流程、技术理念、技术解释更为相似，进口国家的人员对其中隐含的信息、知识的理解和掌握更快速、更充分，而且有助于文化认同感的产生，从而促进技术的模仿和创新。文化距离越大，越会阻碍关键信息、技术、知识的可理解性，既增加了信息获取成本，还不利于知识的吸收和资源整合（Reus & Lamont，2009；朱治理等，2016），从而降低了技术转移的效果。基于以上分析，提出以下假设：

假设3-7：文化距离在技术转移与技术创新之间起负向调节作用。

综上所述，研究一提出假设模型图，如图3-1所示。

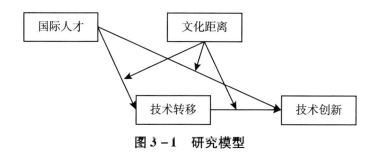

图3-1　研究模型

3.3　研究设计

3.3.1　变量选取

1. 技术创新

技术创新常见的衡量方式一般有两种，即投入性指标和产出性指标，其中投入性指标包括 R&D 人员投入和 R&D 经费投入等（Griliches，1979；Hottenrott & Peters，2011；张信东和吴静，2016）。产出性指标包括专利数、新产品产值等（Luo，Lovely & Popp，2017；蒋艳辉等，2018）。此外，还有学者通过问卷调研法进行测量，但一般囊括了专利数、新产品、研发投入等。

作为衡量技术创新的关键性指标之一，专利数具有以下优势，一是易得性、完整性和准确性，专利数据由国家统计局每年发布，具有权威性、连贯性，易通过网站获取；二是涵盖领域广，专利几乎涉及农林牧渔业、制造业、信息技术业等各个领域，不分地区，不分行业，属于技术创新的同质测度；三是与技术创新最为接近。专利是对技术产出的测度，处于市场的边缘，具有潜在的市场价值，相比新产品更能准确衡量技术含量的高低（郑展鹏，2014）。根据技术含量的差异，一般可以将专利分为三类，即发明型、实用型和外观设计型，其中发明型专利技术含量高，属于原创型技术创新，而后两者更多地被称为模仿型创新。

基于以上分析可知，发明专利受理数据具有数据易得性、完整性和准确性、涵盖领域广、与技术创新最为接近、技术含量高等优势，因此，本书研究采用发明专利受理数作为技术创新的替代指标。

2. 国际人才

对国际人才的衡量，学者通常采用来华留学生、海外留学归国人员和境外来中国大陆工作专家等进行替代（魏浩、王宸和毛日昇，2012；李平和许家云，2011；李春浩和牛雄鹰，2018）。由于来华留学生在中国的主要目的是学习科学文化知识，并不能直接作用于各省份产业发展和技术创新。此外，各省份海归数据难以获取，大多学者通过海归引力综合权数计算得出，具有一定局限性。由国际人才的可操作性定义可知，境外专家包括企业负责人、高级管理（技术）人员、教学科研人员等，具有高素质、高技能、高学历等特点，属于各行各业的专家，体现了人才的质和量，其来华的主要目的是工作，能够对经济和技术发展产生影响，而且数据易获得。基于以上分析，本书研究选择境外来中国工作专家衡量国际人才（详见 2.1.1 章节）。

3. 技术转移

技术转移体现了从外部获得新技术、新产品信息、技术经验和诀窍、技术交流和指导等（刘畅，2015）。外商直接投资、国际贸易是学者研究中认可的经典技术转移方式，如国际生产折衷理论、内部化理论等均将对外直接投资、国际贸易与技术转移联合考虑，寻求不同条件下技术转移的有效方式。因此，目前国内外学者对主要采用进出口贸易和外商直接投资技术转移进行测量，如许多学者采用技术设备采购、外商直接投资、对外直接投资、出口贸易、进口贸易、技术转让等进行衡量（Caselli & Coleman，2001；Blalock & Gertler，2008；王华等，2010；罗思平和于永达，2012；郑展鹏，2014；谢建国和周露昭，2009）。相比外商直接投资，国际贸易和技术引进是促进技术创新的重要途径（罗思平和于永达，2012；罗思平和于永达，2013）。还有学者采用问卷调查的方式进行测量，如刘畅（2015）分别从新技术或新产品；技术经验、诀窍或技能；技术指导、交流或培训机会三个角度进行测量。

之所以选择进口贸易作为技术转移的替代指标，主要原因在于：一是进口贸易所获取的商品和服务隐含着先进的技术和知识，进口国家通过进口贸易对其中的技术和知识加以模仿、学习、吸收，从而实现产品技术转移（Fernandes，2007；王华等，2010）。虽然进口贸易包含较少的技术贸易，但由于存在竞争效应，单纯的技术贸易可能抑制国内企业创新收益，减少企业创新（邢孝兵等，2018）。所进口的产品类别和服务种类越丰富，技术进口量越高，越有助于多样化技术和知识的获取与吸收，促进资源配置和提升技术转移效果（李平和姜丽，2015）。二是作为技术转移的重要渠道之一，进口贸易已经得到学者的认可。三是根据克鲁格曼的观点可知，新技术首次出现在发达国家，并表现为创新产品，出口到发展中国家，当成为成熟产品时由发展中国家生产、出口，由此达到均衡；日本斋藤优则认为企业以最大利益为导向，由新技术生产新产品后出口，利益率下降时则进行直接投资，当地能模仿生产导致利益率下降时则进行技术贸易（骆新华，2006）。由此可见，相比发达国家，发展中国家技术水平较低，一般是先通过发达国家进口可以获得技术转移，而本书研究中各国家（地区）均比较发达。同时，各省份技术引进的数据难以获取。因此，本书研究主要采用进口贸易额作为技术转移的替代指标，并按照当年人民币汇率进行转换。

4. 文化距离

文化距离是指不同国家（地区）或民族之间的人在价值观念、风俗习惯、思维方式、行为规范等存在差异的程度（Kogut & Singh，1988；Hofstede，2001），主要体现了国家（地区）之间或者民族之间文化的相似或相异程度（Clark & Pugh，2001；Shenkar，2001）。对文化距离的测量，较为常见的方式是文化维度指数计算法，主要以库格特和辛格（Kogut & Singh，1988）为代表，基于霍夫斯泰德各文化维度，利用公式进行测量。该方法避免了共同方法变异问题和对国家文化的回顾性评价问题，因此得到众多学者的应用。具体如下：

$$CD_j = \sum_{i=1}^{n} \{(I_{ij} - I_{ih})^2/V_i\}/n \qquad (3-1)$$

其中，CD_j 表示国家 j（地区）与母国 h（地区）的文化距离，i 表示各文化维度，I_{ij} 表示 j 国（地区）第 i 个文化维度指数，I_{ih} 表示母国 h 第 i 个文化维度指数，V_i 表示第 i 个文化维度指数的方差。

同时，还有学者采用欧几里得空间距离测量方法对文化距离进行测量（Barkema，Shenkar & Vermeulen，1997），如式（3-2）。而有学者直接采用各文化维度指数差绝对值的和来衡量文化差异程度（Grosse & Trevino，1996）。

$$CD_j = \sqrt{\sum_{i=1}^{n} (I_{ij} - I_{ih})^2/V_i} \qquad (3-2)$$

但是，由于信息化、全球化的发展，国家（地区）之间的贸易往来、国事访问等缩小了文化距离，且满足递减规律（綦建红等，2012），但已有研究忽略了这一点，因此，国内许多学者在库格特和辛格（Kogut & Singh，1988）的基础上进行扩展，增加建交时间的倒数，建立倒数型函数，其中 T_j 表示国家 j（地区）与母国 i（地区）的建交年数：

$$CD_j = \sum_{i=1}^{n} \{(I_{ij} - I_{ih})^2/V_i\}/n + (1/T_j) \qquad (3-3)$$

由于霍夫斯泰德文化模型存在诸如问题，如理论基础不足、数据陈旧、维度合理性不足等问题，近些年来，许多学者还尝试基于

Schwartz 文化维度、GLOBE 文化维度等进行文化差异程度的测量（Siegel，Licht & Schwartz，2013；綦建红等，2012；Ahammad，Tarba & Liu et al.，2014；王公为和彭纪生，2014）。但不管是采用何种文化维度，主要还是基于库格特和辛格（Kogut & Singh，1988）开发的公式进行文化差异程度的测量。

相比霍夫斯泰德文化模型，GLOBE 文化模型在维度划分、样本来源等存在一定优势（详见 2.3.1 章节）。同时，霍夫斯泰德文化模型等一般只在中国有限的几个地区调查，难以反映中国的复杂性。对于中国的区域文化，部分学者对此进行了探索，但研究焦点在于个人层面，而且抽样不够系统和全面。赵向阳、李海和孙川（2015）基于 GLOBE 文化习俗模型、Schwartz 价值观理论以及跨学科的专家调查，提出中国区域文化地图模型，涉及中国各个省（自治区、直辖市），并采用判别分析和实证分析反复检验该理论模型，具有很好的理论价值和实践意义。由于该文化模型主要从管理学的角度提出，与工作密切相关，与国际人才来华工作更为契合，因此，本书研究采用 GLOBE 文化模型为基础对文化差异进行测量。

本书研究主要采用文化距离衡量文化差异，表示中国各省区市与国际人才母国在文化方面存在差异程度，以此从文化差异视角分析国际人才与技术创新之间的关系。库格特和辛格（1988）与綦建红等（2012）的研究成果具有较强的权威性，本书研究以此为基础采用式（3－4）测量文化距离，具体如下：

$$CD_{ji} = \sum_{u=1}^{9} \{ (I_{uj} - I_{ui})^2 / V_u \} / 9 + (1/T_j) \qquad (3-4)$$

其中，CD_{ji} 表示 j 国（地区）与我国 i 省的文化距离，u 表示各文化维度，包括不确定性规避、未来导向、权力距离、社会导向集体主义、人际关系导向、绩效导向、小团体集体主义、性别平等、悍强性；I_{uj} 表示 j 国（地区）第 u 个文化维度得分，I_{ui} 表示我国 i 省第 u 个文化维度得分，V_u 表示第 u 个文化维度的方差，T_j 表示中国与 j 国（地区）的建交年数，$1/T_j$ 表示中国各省份文化距离随着与 j 国（地区）建交时间的增大而减小，其中中国香港、澳门地区以回归年为基准年，中国台湾地区以"九二共识"为基准年。

5. 控制变量

技术创新不仅受到国际人才、技术转移、文化距离的影响，还与地区吸收能力和社会能力密切相关，其中外商直接投资利用越充分、金融发展水平越高、产业结构越合理，经济环境越稳定，吸收能力越强，越能够从学习和模仿中受益（Almeida & Kogut，1999）。李平、许家云（2011）、杨河清、陈怡安（2013）、郑展鹏（2014）等相关学者的研究发现，金融发展水平、产业结构、基础设施、外商直接投资对技术创新具有显著影响，研究一采用金融发展水平、产业结构、基础设施作为控制变量，并在稳健性检验中增加外商直接投资作为控制变量。对产业结构、金融发展水平、基础设施、外商直接投资分别采用第二产业增加值与 GDP 比值、金融结构存贷款余额与 GDP 比值、人均邮电量、实际利用外商直接投资额（按照当年人民币汇率进行转换）与 GDP 比值表示。

3.3.2　模型构建

格里利兹（Griliches）于 1979 年提出知识生产函数，成为学者建构计量模型的重要基础，他将创新产出视为创新投入的函数，其一般形式为 R&D output = α（R&D input）$^\beta$。贾菲（Jaffe，1989）在此基础上对知识生产函数进行拓展，将新经济知识视为研发资本投入和研发人员投入的函数，形成经典的 Griliches – Jaffe 知识生产函数（Jaffe & Adam，1989），其一般形式表示为：

$$Q_i = AK_i^\alpha L_i^\beta \varepsilon \qquad (3-5)$$

其中，Q 表示创新产出，K 和 L 分别表示资本投入量和劳动投入量，α、β 分别表示 K 与 L 的产出弹性，A 表示影响技术创新的因素，在本研究中主要包括国际人才、技术转移、文化距离、产业结构、金融发展水平、基础设施、外商直接投资，可以表示为：

$$A = \lambda e^{f(\text{tal},\text{tra},\text{cd},\text{ind},\text{fin},\text{inf})} \qquad (3-6)$$

为了考察国际人才、技术转移、文化距离的影响机制，参照张云和赵福森（2017）的研究，本书研究对知识生产函数模型进行适当修改，形成研究一的模型。本研究主要采用面板数据模型验证中介效应，由于面板数据在处理二手数据上的优势，部分学者如冯泰文（2009）、孙永强和万玉琳（2011）等开始利用面板数据模型纳入中介变量探讨自变量对因变量影响逻辑的研究。首先，对中介效应进行检验，根据逐步检验法构建中介模型如下：

$$\text{lninnov}_{it} = \beta_0 + \beta_1 \text{lntal}_{it} + \beta_2 \text{lnfin}_{it} + \beta_3 \text{lnind}_{it} + \beta_4 \text{lninf}_{it} + \lambda_i + \mu_t + \varepsilon_{it}$$
$$(3-7)$$

$$\text{lntra}_{it} = \beta_0 + \beta_1 \text{lntal}_{it} + \beta_2 \text{lnfin}_{it} + \beta_3 \text{lnind}_{it} + \beta_4 \text{lninf}_{it} + \lambda_i + \mu_t + \varepsilon_{it}$$
$$(3-8)$$

$$\text{lninnov}_{it} = \beta_0 + \beta_1 \text{lntal}_{it} + \beta_2 \text{lntra}_{it} + \beta_3 \text{lnfin}_{it} + \beta_4 \text{lnind}_{it}$$
$$+ \beta_5 \text{lninf}_{it} + \lambda_i + \mu_t + \varepsilon_{it} \qquad (3-9)$$

其次，调节效应模型如下：

$$lntra_{it} = \beta_0 + \beta_1 lntal_{it} + \beta_2 lntal_{it} \times lncd_{jit} + \beta_3 lnfin_{it} + \beta_4 lnind_{it}$$

$$+ \beta_5 lninf_{it} + \lambda_i + \mu_t + \varepsilon_{it} \qquad (3-10)$$

$$lninnov_{it} = \beta_0 + \beta_1 lntal_{it} + \beta_2 lntra_{it} + \beta_3 lntal_{it} \times lncd_{jit} + \beta_4 lnfin_{it}$$

$$+ \beta_5 lnind_{it} + \beta_6 lninf_{it} + \lambda_i + \mu_t + \varepsilon_{it} \qquad (3-11)$$

$$lninnov_{it} = \beta_0 + \beta_1 lntal_{it} + \beta_2 lntra_{it} + \beta_3 lntra_{it} \times lncd_{jit} + \beta_4 lnfin_{it}$$

$$+ \beta_5 lnind_{it} + \beta_6 lninf_{it} + \lambda_i + \mu_t + \varepsilon_{it} \qquad (3-12)$$

$$lninnov_{it} = \beta_0 + \beta_1 lntal_{it} + \beta_2 lntra_{it} + \beta_3 lntal_{it} \times lncd_{jit} + \beta_4 lntra_{it} \times lncd_{jit}$$

$$+ \beta_5 lnfin_{it} + \beta_6 lnind_{it} + \beta_7 lninf_{it} + \lambda_i + \mu_t + \varepsilon_{it} \qquad (3-13)$$

其中，i 表示省（自治区、直辖市），t 表示时间，$innov_{it}$ 表示技术创新，tal_{it} 表示国际人才，tra_{it} 表示技术转移，cd_{jit} 表示 j 国或地区与 i 省的文化距离，ind_{it} 表示产业结构，fin_{it} 表示金融发展，inf_{it} 表示基础设施，β_0 表示常数项，β_i（i = 1，2，3…）表示弹性系数。此外，在稳健性检验中，fdi_{it} 表示外商直接投资。λ_i 和 μ_t 分别表示区域个体效应、时间效应，ε_{it} 表示随机误差项。同时，在调节效应模型中，为避免多重共线性的影响，对 $lntal_{it}$、$lncd_{jit}$、$lntra_{it}$ 进行中心化处理，并将相应的乘积代入公式中。

3.3.3　数据来源

本书研究基于 2001～2015 年 30 个省区市（西藏由于数据缺失剔除）的数据进行分析，其中技术创新数据主要从《中国科技统计年鉴》获取；国际人才数据来源于《境外来中国大陆工作专家统计调查资料汇编》（2000～2015），该数据每两年发布一次，其中

2015 年为最新数据；各国（地区）文化维度数据来源于全球项目网站（globeproject），中国各省区市文化维度数据来源于赵向阳、李海和孙川（2015）的研究成果；技术转移和外商直接投资数据来源于各省份统计年鉴，金融发展水平、产业结构数据来源于《中国统计年鉴》。各变量统计描述及相关性分析如表 3-1 所示。

表 3-1　　　　　　　　各变量均值、标准差和相关系数

变量	lninnov	lntal	lncd	lntra	lnfin	lnind	lninf
lninnov	1						
lntal	0.738***	1					
lncd	-0.187***	-0.189***	1				
lntra	0.850***	0.908***	-0.203***	1			
lnfin	0.087*	0.131***	0.001	0.127***	1		
lnind	0.133***	0.013	0.079*	0.044	-0.271***	1.000	
lninf	0.617***	0.506***	-0.192***	0.650***	0.305***	0.028	1
Mean	7.943	7.421	0.198	6.357	-0.013	-0.788	6.953
Std. Dev.	1.685	1.739	0.210	1.811	0.469	0.196	0.718

注：*、***分别表示在 10%、1% 的显著水平，此处文化距离仅以英国为例进行分析，下同。

本书研究中将国际人才按其来源国（地区）以及我国各省份分布进行实证检验，因此，对国际人才样本情况进行简要介绍。自 2001 年以来，我国国际人才数量稳中有增，2015 年国际人才总量为 62.35 万人次，相比 2001 年增加了 78.15%，其中女性占 16.4%，企事业单位以 96.9% 的比例成为国际人才聘用的主体。国际人才来源较为稳定，其中美国、中国台湾地区、日本、韩国、德

国、中国香港地区、英国、加拿大、法国、澳大利亚排名前十名，分别占总数的 16.27%、14.33%、11.49%、10.90%、5.31%、5.08%、4.50%、3.82%、3.12%、2.34%，其他还有新加坡、俄罗斯、新西兰等。在中国工作的国际人才主要分布在东部地区，占总数的 82.31%，国际人才总量超过 1 万人的省区市分别为广东、江苏、北京、天津、上海、浙江、山东、辽宁、福建、四川、重庆，其中广东最多，近 13 万人。

国际人才在中国工作达 3 个月以上的国际人才达到 29.02 万人，其中年龄在 31~50 岁的比例为 60.35%，具有硕士和博士学位的占 28.18%，企业负责人、高级管理人员、高级技术人员分别占比 14.28%、38.47%、15.21%，月薪超过 1 万元的占 63.29%。由此可见，来华国际人才具有高学历、高技能、高职位、高工作、年龄适宜的特点，因此，对中国技术进步和经济发展影响较大。

3.4 实证结果分析

3.4.1 数据检验

在回归之前，需要对变量平稳性、多重共线性、组内自相关、组间异方差以及组间同期相关进行分析，以保证后续结果的准确性。首先，为了避免伪回归的存在，对各指标进行平稳性检验，主要有 LLC 检验（共同根）和 ADF – Fisher（不同根），并利用 PP –

Fisher（不同根）进一步验证，检验结果如下，在 5% 的置信水平上，所有变量均拒绝存在单位根的原假设，表明各变量均不含同质单位根和异质单位根，属于平稳数据，不存在伪回归问题，可进一步对数据进行回归。其次，通过沃德检验（Wald test）发现，chi2（30）= 4010.77，P 值为 0.0000，显著拒绝同方差的原假设，说明模型存在组间异方差。通过沃尔德检验发现，F（1，29）= 28.042，P 值为 0.0000，显著拒绝不存在一阶组内自相关的原假设，说明模型存在组间自相关。通过弗里德曼（Friedman，1937）提供的检验方法，发现 P 值大于 0.1 说明无法拒绝无组间同期相关的假设，即认为模型不存在同期相关。最后，通过多重共线性检查发现如表 3 - 2 所示，方差膨胀因子最大 8.14，最小 1.11，平均为 3.32，小于标准值 10，因此，不存在严重的多重共线性问题。

表 3 - 2　　　　　　　　　各变量单位根检验

变量	lninnov	lntal	lncd	lntra	lnfin	lnind	lninf
LLC	- 4.985	- 9.246	- 94.698	- 3.501	- 1.88	- 1.907	- 4.394
P 值	0.0000	0.0000	0.0000	0.0002	0.0301	0.0282	0.0000
ADF	138.214	161.322	324.105	142.925	151.457	127.627	154.013
P 值	0.0000	0.0000	0.0000	0.0000	0.0000	0.0000	0.0000
PP	97.125	142.358	2117.7	86.344	80.850	81.879	100.35
P 值	0.0017	0.0000	0.0000	0.0146	0.0377	0.0318	0.0008
VIF		6.27	1.07	8.14	1.24	1.11	2.11

3.4.2　中介效应检验

利用面板数据验证中介效应，分析自变量对因变量的影响机制

成为目前研究的常见现象之一。本书研究借鉴温忠麟和叶宝娟
（2014）提供的逐步检验法进行验证。在中介效应中，首先需要确
定模型形式（见表 3 – 3），F 检验和豪斯曼检验均在 1% 的显著水
平上拒绝混合效应模型和随机效应模型，因此，应选择固定效应模
型。模型 1 为基准模型，只加入了控制变量，结果表明，金融发展
水平（β = 3. 170，p < 0. 01）、产业结构（β = 1. 219，p < 0. 01）、
基础设施（β = 1. 246，p < 0. 01）均有利于提升技术创新水平，表
明控制变量选择有效。模型 2 为主效应模型，结果表明，国际人才
对技术创新具有显著正向影响（β = 0. 641，p < 0. 01），即国际人
才越多，越有利于提升技术创新水平，假设 3 – 1 得证；模型 3 是
以中介变量即技术转移为因变量，结果表明，国际人才对技术转移
具有显著正向影响（β = 0. 402，p < 0. 01），即国际人才越多，越
有利于促进技术转移，假设 3 – 2 得证；模型 4 是在模型 2 的基础
上加入了中介变量即技术转移，结果表明，国际人才（β = 0. 254，
p < 0. 01）和技术转移（β = 0. 962，p < 0. 01）均对技术创新具有
显著正向影响，但国际人才对技术创新的作用减弱，因此，技术转
移在国际人才与技术创新之间具有部分中介作用，而且国际人才对
技术创新的间接效应为 0. 402 × 0. 962 = 0. 387，与总效应的比值为
0. 402 × 0. 962/0. 641 = 0. 603，即技术转移的中介效应为 0. 603，由
此可见，国际人才对技术创新的作用有 60. 3% 可以通过技术转移实
现，假设 3 – 3 和假设 3 – 4 得证。

表3-3 模型确定及中介效应检验

变量	模型1 lninnov		模型2 lninnov		模型3 lntra		模型4 lninnov	
	FE	RE	FE	RE	FE	RE	FE	RE
lntal			0.641*** (0.0702)	0.581*** (0.0566)	0.402*** (0.0492)	0.605*** (0.0383)	0.254*** (0.0560)	0.0480 (0.0574)
lntra							0.962*** (0.0518)	0.931*** (0.0564)
lnfin	3.170*** (0.237)	2.364*** (0.223)	2.811*** (0.220)	1.405*** (0.192)	0.840*** (0.154)	0.379*** (0.129)	2.002*** (0.168)	1.309*** (0.159)
lnind	1.219*** (0.411)	1.035** (0.409)	0.852** (0.378)	0.755* (0.370)	1.119*** (0.265)	0.703*** (0.245)	-0.225 (0.286)	0.0704 (0.297)
lninf	1.246*** (0.0630)	1.259*** (0.0655)	1.075*** (0.0606)	1.053*** (0.0661)	0.748*** (0.0424)	0.729*** (0.0430)	0.355*** (0.0592)	0.380*** (0.0655)
Constant	0.281 (0.657)	0.0334 (0.694)	-3.579*** (0.734)	-3.081*** (0.686)	-0.939* (0.514)	-2.639*** (0.457)	-2.675*** (0.545)	-0.905 (0.570)
N	450	450	450	450	450	450	450	450

续表

变量	模型 1 lninnov		模型 2 lninnov		模型 3 lntra		模型 4 lninnov	
	FE	RE	FE	RE	FE	RE	FE	RE
R^2	0.658		0.715		0.674		0.844	
F	266.9***		260.6***		215.2***		450.3***	
Wald 检验		672.6***		777.5***		1051.1***		1609.7***
豪斯曼 检验	53.21***		105.88***		45.87***		125.48***	

注：*、** 和 *** 分别表示在 10%、5%、1% 的显著水平，"（）" 内为标准误。

通过以上分析发现，模型存在组间异方差、组内自相关性，因此，本书研究采用最为稳健的"OLS + 面板矫正标准误差"进行修正，结果见表 3 - 4 中模型 5 ～模型 7，与表 3 - 3 相比，各变量系数并没有发生变化，但各模型回归结果显著性有所变化，如模型 7 中，在 5% 的显著水平上，国际人才对技术创新具有正向影响。由此可见，技术转移在国际人才与技术创新之间的部分中介作用依然成立。

3.4.3　调节效应检验

为了验证文化距离的调节效应，本书研究对国际人才、技术转移和文化距离进行了中心化处理，并将其交互项代入方程进行回归。检验结果见表 3 - 4 中模型 8 ～模型 13，模型 9 中，国际人才与文化距离的交互项系数显著为负（$\beta = -0.633$，$p < 0.1$），表明文化距离负向调节国际人才与技术转移的关系，即文化距离越大，越不利于国际人才的技术转移，假设 3 - 6 得证；模型 10 中，文化距离对技术创新起显著负向影响（$\beta = -343.9$，$p < 0.01$），在模型 11 ～模型 13 中，系数依然显著为负，表明结果具有稳健性，这与田晖和蒋辰春（2012）的研究结果相同。

在模型 10 的基础上，模型 11 加入了国际人才与文化距离的交互项，其系数显著为正（$\beta = 0.696$，$p < 0.01$），表明文化距离正向调节国际人才与技术创新的关系，文化距离越大，国际人才对技术创新越易产生促进作用，与假设 3 - 5 相反。可能的原因有三：一是表层的文化距离影响一般适应，而深层的文化距离影响工作适

表3-4　中介效应和调节效应 OLS-Robust 估计

变量	模型5 lninnov FE(R)	模型6 lntra FE(R)	模型7 lninnov FE(R)	模型8 lntra FE(R)	模型9 lntra FE(R)	模型10 lninnov FE(R)	模型11 lninnov FE(R)	模型12 lninnov FE(R)	模型13 lninnov FE(R)
lntal	0.641*** (0.119)	0.402*** (0.0834)	0.254** (0.103)	0.0831 (0.151)	0.0787 (0.158)	0.0624* (0.0365)	0.0670 (0.0405)	0.0437 (0.0379)	0.0498 (0.0388)
lntra			0.962*** (0.0884)			0.0148 (0.0147)	0.0190 (0.0152)	0.0167 (0.0173)	0.0202 (0.0175)
lncd				-141.3 (91.59)	-139.8 (93.41)	-343.9*** (20.86)	-345.1*** (20.16)	-365.7*** (20.13)	-364.3*** (19.90)
T1					-0.633* (0.310)		0.696*** (0.211)		
T2								0.496** (0.207)	0.442** (0.191)
lnfin	2.811*** (0.344)	0.840*** (0.254)	2.002*** (0.316)	-1.448** (0.661)	-1.371** (0.647)	1.185*** (0.295)	1.106*** (0.280)	0.984*** (0.270)	0.937*** (0.255)
lnind	0.852 (0.841)	1.119* (0.653)	-0.225 (0.550)	-0.672 (0.750)	-0.393 (0.722)	1.504*** (0.505)	1.201** (0.460)	1.241** (0.455)	1.002** (0.419)

续表

变量	模型 5	模型 6	模型 7	模型 8	模型 9	模型 10	模型 11	模型 12	模型 13
	lninnov	lntra	lninnov	lntra	lntra	lninnov	lninnov	lninnov	lninnov
	FE（R）	FE（R）	FE（R）	FE（R）	FE（R）	FE（R）	FE（R）	FE（R）	FE（R）
lninf	1.075*** (0.0988)	0.748*** (0.0626)	0.355*** (0.0844)	-0.00777 (0.212)	-0.0101 (0.217)	-0.133* (0.0762)	-0.131 (0.0769)	-0.152* (0.0743)	-0.148* (0.0737)
Constant	-3.579** (1.565)	-0.939 (1.207)	-2.675*** (0.964)	0.777 (2.444)	0.922 (2.502)	13.03*** (0.735)	12.86*** (0.757)	13.20*** (0.748)	13.04*** (0.735)
N	450	450	450	359	359	359	359	359	359
R^2	0.715	0.674	0.844	0.110	0.114	0.908	0.912	0.913	0.916
F	138.2***	102.3***	96.16***	6.657***	8.372***	122.9***	131.3***	93.48***	124.8***

注：*、** 和 *** 分别表示在 10%、5%、1% 的显著水平，"（ ）" 内为稳健性标准误，T1 表示 lntal × lncd，T2 表示 lntra × lncd，此处调节效应检验仅以欧洲国家英国为例，其他国家或地区检验结果见表 3 - 5。

应和互动适应，国际人才来中国主要是为了工作，可能在一定时期内接触的深层文化距离较少，因此，对国际人才跨文化适应的不利影响较弱。二是文化距离有利于文化多样性的形成，文化距离越大，越有利于打破常规，带来新思想，形成宽松的文化氛围和高度竞争的社会环境，从而促进人才流动、知识扩散和技能外溢，增加创新的机会和减少创新的成本。三是本书研究中首先以英国为例进行检验，由于英国属于发达国家，中国与之存在一定程度的技术差距，而且国际人才本身具有高学历、高素质的特点，掌握了较为先进的技术知识。由于文化距离是互补性的来源，文化距离越大，互补性的知识、技能、经验越广泛，中国通过来自英国的国际人才获取技术知识比较先进且丰富，则更有利于技术创新。

模型 12 在模型 10 的基础上加入了技术转移与文化距离的交互项，其系数显著为正（$\beta = 0.496$，$p < 0.01$），表明文化距离正向调节技术转移与技术创新的关系，与假设 3 - 7 相反。可能的原因是文化距离有利于比较优势的形成，不同文化认知导致工艺、设计、包装等方面存在差异，从而使国家之间的商品或服务具有多样性、互补性，形成比较优势。文化距离越大，商品或服务互补性越强，传递的新信息、新技术知识越多，而且作为发达国家，英国具有较多更为先进的技术知识可以转移。因此，先进的技术知识越易激发进口国家人员的好奇心与探知欲望，从而促进技术创新。同时，中国文化包容性强，而多样化和互补性商品或服务的进口有助于提高进口国家文化的多样性和丰富性，进一步增强中国对异域文化商品或服务的包容性和接受度，促进国际贸易，有助于形成创新性文化氛围，从而促进技术创新。因此，文化距离越大，越有利于

技术转移对技术创新的正向影响。

模型 13 则同时加入国际人才与文化距离和技术转移与文化距离的交互项，系数依然显著为正，表明模型 11 ~ 模型 12 的结果具有稳健性。

为了进一步说明问题，本书研究对其他 14 个国家或地区进行再次检验（见表 3 - 5），模型 14 中，俄罗斯（β = - 2.089，p < 0.05）同英国一样，文化距离负向调节国际人才与技术转移的关系；中国台湾地区（β = 1.318，p < 0.05）表明文化距离正向调节国际人才与技术转移的关系，可能的原因是中国台湾地区与中国文化距离较小，仅为 0.260，远低于英国（1.678）、俄罗斯（3.859）等国家（地区），表明中国台湾地区与中国大陆文化相似程度高，因此对商品或服务的需求偏好相似，价值认同感差异小，降低了国际人才从事国际贸易的难度，有利于技术转移。由此可见，对于与中国各省份文化距离比较大的国家而言，文化距离不利于国际人才技术转移效应的发挥；对于与中国各省份存在血缘、地缘、史缘的中国台湾地区而言，文化距离更有利于国际人才技术转移效应的发挥。剩余国家（地区）结果不显著。

模型 15 中加入了国际人才与文化距离的交互项，结果显示，英国（β = 0.696，p < 0.01）、法国（β = 0.541，p < 0.01）、俄罗斯（β = 0.420，p < 0.1）、意大利（β = 0.426，p < 0.05）、加拿大（β = 0.366，p < 0.05）、美国（β = 0.980，p < 0.1）、澳大利亚（β = 0.327，p < 0.05）、日本（β = 0.881，p < 0.1）等 8 国均表明文化距离显著正向调节国际人才与技术创新的关系，只有亚洲国家新加坡（β = - 0.702，p < 0.05）则显著负向调节国际人才与技术

创新的关系。可能的原因是，新加坡华人比例高，文化相似程度高，不利于激发创新性想法、资源互补性、形成多元文化氛围。因此，不利于国际人才对技术创新的影响。虽然日本也受儒家文化影响，但与中国还存在较大的文化差异，反而与发达国家较为接近，如新加坡与美国的文化距离为 2. 355，日本与美国的文化距离为 1. 989，说明日本与美国在文化方面更为接近。因此，日本的检验结果与美国相同，文化距离可能更有利于国际人才对技术创新的影响。其他国家（地区）不显著。

模型 16 中加入了技术转移与文化距离的交互项，结果显示，英国（$\beta = 0. 496$，$p < 0. 01$）、俄罗斯（$\beta = 0. 470$，$p < 0. 05$）、法国（$\beta = 0. 772$，$p < 0. 05$）、加拿大（$\beta = 0. 293$，$p < 0. 1$）、美国（$\beta = 0. 623$，$p < 0. 01$）、澳大利亚（$\beta = 0. 345$，$p < 0. 1$）、新西兰（$\beta = 0. 586$，$p < 0. 1$）、中国台湾（$\beta = 0. 633$，$p < 0. 05$）8 国和地区均表明文化距离显著正向调节技术转移与技术创新的关系。模型 17 则同时加入国际人才与文化距离和技术转移与义化距离的交互项，英国、法国、加拿大、澳大利亚、俄罗斯、美国、新西兰、新加坡、日本、中国台湾地区与单独加入时结果基本一致，由此可见结果具有稳定性。英国、法国、加拿大、澳大利亚、俄罗斯、美国等国家大都属于发达国家，可见对于来自发达国家的高素质国际人才和技术转移，文化距离越大，越有利于资源互补性、形成创新文化氛围和激发创新性想法，从而对技术创新产生积极影响。

表 3 - 5　分国家或地区调节效应检验

国家或地区		模型 14 Intra FE (R)	模型 15 lninnov FE (R)	模型 16 lninnov FE (R)	模型 17 lninnov FE (R)	模型 18 Intra FE (IV)	模型 19 lninnov FE (IV)	模型 20 lninnov FE (IV)	模型 21 lninnov FE (IV)
英国	T1	-0.633* (0.310)	0.696*** (0.211)		0.613*** (0.202)	-0.345 (0.614)	0.648*** (0.173)		0.582*** (0.171)
英国	T2			0.496** (0.207)	0.442** (0.191)			0.474*** (0.129)	0.435*** (0.128)
法国	T1	0.394 (0.585)	0.541*** (0.182)		0.345** (0.165)	0.415 (0.759)	0.579*** (0.194)		0.418** (0.190)
法国	T2			0.772** (0.288)	0.701** (0.274)			0.800*** (0.158)	0.719*** (0.158)
俄罗斯	T1	-2.089** (0.887)	0.420* (0.239)		0.259 (0.252)	-1.216 (0.818)	0.539** (0.221)		0.439* (0.228)
俄罗斯	T2			0.470** (0.208)	0.395* (0.218)			0.410** (0.198)	0.294 (0.204)
意大利	T1	-0.529 (0.444)	0.426** (0.199)		0.358 (0.211)	-1.222 (0.828)	0.352* (0.202)		0.289 (0.208)
意大利	T2			0.393 (0.250)	0.322 (0.255)			0.317* (0.172)	0.266 (0.176)

续表

国家或地区		模型 14 lntra FE（R）	模型 15 lninnov FE（R）	模型 16 lninnov FE（R）	模型 17 lninnov FE（R）	模型 18 lntra FE（IV）	模型 19 lninnov FE（IV）	模型 20 lninnov FE（IV）	模型 21 lninnov FE（IV）
德国	T1	-1.015 (0.656)	0.125 (0.298)		-0.123 (0.305)	-1.055 (0.827)	0.209 (0.233)		-0.0105 (0.245)
	T2		0.554 (0.392)	0.586 (0.406)			0.541*** (0.185)	0.543*** (0.197)	
荷兰	T1	0.664 (1.008)	0.413 (0.312)		0.339 (0.321)	0.761 (0.927)	0.629*** (0.215)		0.569** (0.223)
	T2		0.471 (0.417)	0.364 (0.460)			0.467* (0.277)	0.291 (0.283)	
加拿大	T1	0.130 (0.435)	0.366** (0.134)		0.315** (0.137)	0.456 (0.636)	0.419** (0.164)		0.381** (0.162)
	T2			0.293* (0.147)	0.274* (0.149)			0.235*** (0.0889)	0.221** (0.0879)
美国	T1	-0.353 (0.44)	0.980* (0.5)		0.555 (0.459)	-0.470 (0.672)	0.834*** (0.222)		0.443* (0.233)
	T2			0.623** (0.294)	0.492* (0.288)			0.589*** (0.114)	0.494*** (0.123)

续表

国家或地区		模型14 Intra FE（R）	模型15 lninnov FE（R）	模型16 lninnov FE（R）	模型17 lninnov FE（R）	模型18 lntra FE（IV）	模型19 lninnov FE（IV）	模型20 lninnov FE（IV）	模型21 lninnov FE（IV）
澳大利亚	T1	-0.00499 (0.334)	0.327** (0.147)		0.269* (0.149)	-0.0537 (0.496)	0.369** (0.153)		0.271* (0.154)
	T2	0.345* (0.182)	0.329* (0.179)			0.328*** (0.0754)	0.305*** (0.0785)		
新西兰	T1	0.408 (0.993)	0.288 (0.260)		0.174 (0.236)	-2.772 (2.169)	0.151 (0.509)		-0.0834 (0.583)
	T2			0.586* (0.304)	0.567* (0.308)			0.497** (0.217)	0.504** (0.251)
新加坡	T1	-0.660 (0.779)	-0.702** (0.311)		-0.687* (0.340)	-0.643 (1.076)	-0.337 (0.288)		-0.352 (0.287)
	T2			0.537 (0.538)	0.522 (0.519)			0.530* (0.306)	0.533* (0.304)
日本	T1	-0.949 (1.031)	0.881* (0.433)		0.880** (0.408)	-1.128 (0.741)	1.035*** (0.233)		1.018*** (0.232)
	T2			0.329 (0.275)	0.328 (0.236)			0.331** (0.150)	0.315** (0.146)

续表

国家或地区		模型 14 lntra FE（R）	模型 15 lninnov FE（R）	模型 16 lninnov FE（3）	模型 17 lninnov FE（R）	模型 18 lntra FE（IV）	模型 19 lninnov FE（IV）	模型 20 lninnov FE（IV）	模型 21 lninnov FE（IV）
韩国	T1	-1.391 (1.226)	-0.0446 (0.483)		-0.245 (0.468)	-2.258** (1.055)	0.0498 (0.343)		-0.218 (0.399)
	T2			0.322 (0.343)	0.395 (0.314)			0.458** (0.218)	0.520** (0.263)
中国台湾	T1	1.318** (0.518)	-0.00920 (0.362)		0.0463 (0.278)	1.625*** (0.501)	0.138 (0.191)		0.221 (0.176)
	T2			0.633** (0.263)	0.635** (0.264)			0.656*** (0.0921)	0.662*** (0.0924)
中国香港	T1	-1.452 (1.001)	0.0310 (0.183)		-0.00489 (0.168)	-2.669*** (0.955)	0.0158 (0.216)		0.00128 (0.215)
	T2			0.166 (0.133)	0.166 (0.132)			0.100 (0.0901)	0.100 (0.0892)

注：*、** 和 *** 分别表示在 10%、5%、1% 的显著水平，"（）"内为标准误，T1 表示 lntal×lncd，T2 表示 lntra×lncd，此处仅列出调节效应结果。

3.4.4 工具变量估计

国际人才在一定程度上受到技术创新的影响，尤其是技术知识常常伴随着国际人才的流入而进入中国，所以模型可能存在内生性问题，从而导致估计偏差。因此，本书研究采用工具变量法再次验证，利用 2SLS 进行估计。参照李平和许家云（2011）等学者的研究，本书研究选择国际人才的滞后一期值作为工具变量。之所以采用内生解释变量的滞后变量作为工具变量，主要原因有两点，一是内生解释变量与其滞后变量相关；二是由于滞后变量已经发生，也许会与当期的扰动项具有不相关性（陈强，2014）。结果如表 3-6 所示，模型 22~模型 23 为中介效应检验，在控制了国际人才的内生性后，国际人才对技术创新、技术转移的回归系数显著提高，且在 1% 的显著水平上。同时，技术转移的中介效应为 0.623，相比"OLS + 面板矫正标准误差"显著提高，且依然显著。模型 25~模型 30 为调节效应检验，文化距离与国际人才、技术转移的交互项系数均有所下降，但依然处在 1% 的显著水平上；而文化距离对国际人才与技术转移关系的调节不再显著。

同时，本书研究还分国家或地区对调节效应进行工具变量估计，结果见表 3-5 中模型 18~模型 21，文化距离对国际人才与技术转移的调节结果显示，英国、俄罗斯变为不再显著，韩国与中国香港则变为显著为负，中国台湾依然显著为正；文化距离对国际人才与技术创新的调节结果显示，新加坡变为不再显著，荷兰（β = 0.629，p < 0.01）则变为显著为正，英国、法国、俄罗斯、意大

表 3 - 6　中介效应和调节效应 IV - 2SLS 估计

变量	模型 22	模型 23	模型 24	模型 25	模型 26	模型 27	模型 28	模型 29	模型 30
	lninnov	lntra	lninnov	lntra	lntra	lninnov	lninnov	lninnov	lninnov
	FE (IV)	FE (IV)	FE (IV)	FE (IV)	FE (IV)	FE (IV)	FE (IV)	FE (IV)	FE (IV)
lntal	1.119*** (0.136)	0.761*** (0.0953)	0.422*** (0.123)	0.296 (0.287)	0.295 (0.287)	0.0667 (0.0827)	0.0685 (0.0810)	0.0325 (0.0842)	0.0369 (0.0829)
lntra			0.916*** (0.0663)			0.00796 (0.0166)	0.0104 (0.0163)	0.00750 (0.0162)	0.00970 (0.0160)
lncd				-114.9** (48.42)	-114.7** (48.44)	-352.1*** (14.06)	-352.3*** (13.76)	-374.5*** (16.02)	-372.9*** (15.80)
T1					-0.345 (0.614)		0.648*** (0.173)		0.582*** (0.171)
T2								0.474*** (0.129)	0.435*** (0.128)
lnfin	2.674*** (0.252)	0.633*** (0.177)	2.094*** (0.180)	-1.311** (0.560)	-1.269** (0.565)	1.158*** (0.163)	1.083*** (0.160)	0.953*** (0.169)	0.902*** (0.166)
lnind	0.643 (0.423)	0.907*** (0.296)	-0.187 (0.303)	-0.504 (0.855)	-0.364 (0.891)	1.486*** (0.246)	1.224*** (0.251)	1.232*** (0.251)	1.017*** (0.253)

续表

变量	模型 22	模型 23	模型 24	模型 25	模型 26	模型 27	模型 28	模型 29	模型 30
	lninnov	lntra	lninnov	lntra	lntra	lninnov	lninnov	lninnov	lninnov
	FE (IV)	FE (IV)	FE (IV)	FE (IV)	FE (IV)	FE (IV)	FE (IV)	FE (IV)	FE (IV)
lninf	0.854***	0.553***	0.348***	0.0371	0.0342	−0.119**	−0.114**	−0.131**	−0.125**
	(0.0809)	(0.0567)	(0.0626)	(0.200)	(0.200)	(0.0575)	(0.0563)	(0.0560)	(0.0550)
Constant	−5.731***	−2.385***	−3.548***	0.398	0.485	13.21***	13.05***	13.37***	13.21***
	(1.030)	(0.722)	(0.791)	(1.934)	(1.942)	(0.557)	(0.547)	(0.545)	(0.538)
N	420	420	420	337	337	337	337	337	337
R^2	0.6556	0.5753	0.8246	0.0814	0.0825	0.9010	0.9054	0.9059	0.9095

注：*、**和***分别表示在10%、5%、1%的显著水平，"（）"内为标准误，T1表示lntal×lncd，T2表示lntra×lncd，此处调节效应检验仅以欧洲国家英国为例，其他国家或地区如表3−5所示。

利、加拿大、美国、澳大利亚、日本依然显著为正，即共有 9 个国家（地区）结果显著；文化距离对技术转移与技术创新的调节结果显示，意大利（$\beta = 0.317$，$p < 0.1$）、德国（$\beta = 0.541$，$p < 0.01$）、荷兰（$\beta = 0.467$，$p < 0.1$）、新加坡（$\beta = 0.530$，$p < 0.1$）、日本（$\beta = 0.331$，$p < 0.05$）、韩国（$\beta = 0.458$，$p < 0.01$）均变为显著为正，英国、法国、俄罗斯、加拿大、美国、澳大利亚、新西兰、中国台湾等国家和地区依然显著为正，即共有 14 个国家和地区结果显著。经过工具变量法修正内生性后，模型得到优化，结果更为可靠。

3.4.5 稳健性检验

为了确保结果的可靠性和稳健性，在以上基础上，研究一还通过以下两种方法进行稳健性检验，一是增加控制变量，改变模型设定；二是采用新样本数据，主要采用 winsorization 方法对原来样本数据变量前后 1% 进行处理得到新的样本数据（王伟娇，2018）。结果如表 3 – 7、表 3 – 8 所示，相比表 3 – 6，除各回归系数略有变化外，技术转移的中介效应显著性没有变化；文化距离的调节效应显著性没有变化。整体而言，本书研究结果具有较强的稳健性。

表 3 - 7　　　　　　　　　　中介效应稳健性检验

变量	模型 31 lninnov FE（IV）	模型 32 lntra FE（IV）	模型 33 lninnov FE（IV）	模型 34 lninnov FE（IV）	模型 35 lntra FE（IV）	模型 36 lninnov FE（IV）
lntal	1. 109 *** (0. 136)	0. 760 *** (0. 0958)	0. 414 *** (0. 123)	1. 123 *** (0. 136)	0. 756 *** (0. 0951)	0. 428 *** (0. 122)
lntra			0. 916 *** (0. 0662)			0. 918 *** (0. 0657)
lnfin	2. 631 *** (0. 255)	0. 627 *** (0. 179)	2. 057 *** (0. 182)	2. 710 *** (0. 256)	0. 640 *** (0. 179)	2. 123 *** (0. 181)
lnind	0. 684 (0. 424)	0. 913 *** (0. 298)	- 0. 152 (0. 304)	0. 790 * (0. 431)	0. 934 *** (0. 301)	- 0. 0678 (0. 307)
lninf	0. 851 *** (0. 0807)	0. 553 *** (0. 0568)	0. 345 *** (0. 0626)	0. 837 *** (0. 0812)	0. 545 *** (0. 0567)	0. 337 *** (0. 0622)
lnfdi	- 0. 0837 (0. 0781)	- 0. 0121 (0. 0549)	- 0. 0727 (0. 0558)			
Constant	- 5. 947 *** (1. 044)	- 2. 416 *** (0. 734)	- 3. 735 *** (0. 800)	- 5. 529 *** (1. 039)	- 2. 270 *** (0. 726)	- 3. 445 *** (0. 786)
N	420	420	420	420	420	420
R^2	0. 6577	0. 5756	0. 8257	0. 6504	0. 5710	0. 8251

注：*、***分别表示在 10%、1%的显著水平，"（）"内为标准误。

表3-8　调节效应稳健性检验

变量	模型37 Intra FE(IV)	模型38 lninnov FE(IV)	模型39 lninnov FE(IV)	模型40 lninnov FE(IV)	模型41 Intra FE(IV)	模型42 lninnov FE(IV)	模型43 lninnov FE(IV)	模型44 lninnov FE(IV)
Intal	0.251 (0.282)	0.0637 (0.0808)	0.0290 (0.0840)	0.0333 (0.0827)	0.287 (0.280)	0.0632 (0.0810)	0.0287 (0.0842)	0.0328 (0.0828)
Intra		0.00406 (0.0166)	0.00228 (0.0166)	0.00407 (0.0163)		0.0105 (0.0167)	0.00720 (0.0167)	0.00965 (0.0164)
lncd	-90.81* (47.79)	-349.4*** (13.78)	-371.7*** (16.39)	-369.9*** (15.85)	-120.7*** (46.75)	-348.5*** (13.59)	-370.5*** (15.95)	-369.0*** (15.70)
T1	-0.268* (0.601)	0.657*** (0.172)		0.592*** (0.171)	-0.364 (0.600)	0.662*** (0.173)		0.597*** (0.171)
T2			0.466*** (0.128)	0.426*** (0.127)			0.468*** (0.129)	0.428*** (0.127)
lnfin	-1.351** (0.553)	1.062*** (0.160)	0.940*** (0.159)	0.887*** (0.166)	-1.272** (0.551)	1.095*** (0.160)	0.969*** (0.169)	0.914*** (0.166)
lnind	-0.222 (0.873)	1.243*** (0.250)	1.255*** (0.251)	1.038*** (0.253)	-0.225 (0.891)	1.266*** (0.257)	1.311*** (0.256)	1.075*** (0.259)

续表

变量	模型 37	模型 38	模型 39	模型 40	模型 41	模型 42	模型 43	模型 44
	lntra	lninnov	lninnov	lninnov	lntra	lninnov	lninnov	lninnov
	FE（IV）	FE（IV）	FE（IV）	FE（IV）	FE（IV）	FE（IV）	FE（IV）	FE（IV）
lninf	0.0936	−0.104*	−0.123**	−0.117**	0.0116	−0.0907	−0.111**	−0.104*
	(0.196)	(0.0563)	(0.0561)	(0.0551)	(0.195)	(0.0561)	(0.0560)	(0.0550)
lnfdi	−0.659***	−0.0998*	−0.0822	−0.0893*				
	(0.183)	(0.0537)	(0.0537)	(0.0527)				
Constant	−2.666	12.58***	12.98***	12.78***	0.804	12.88***	13.24***	13.06***
	(2.093)	(0.601)	(0.601)	(0.593)	(1.893)	(0.545)	(0.545)	(0.538)
N	337	337	337	337	337	337	337	337
R^2	0.1249	0.9065	0.9066	0.9103	0.0918	0.9053	0.9055	0.9092

注：*、** 和 *** 分别表示在 10%、5%、1% 的显著水平，"（）"内为标准误差，T1 表示 lntal×lncd，T2 表示 lntra×lncd，此处调节效应检验仅以欧洲国家英国国家英国为例，其他国家（地区）检验结果不再列出。

3.5 结果与讨论

国际人才对国家或地区的经济增长和技术进步具有重要推动作用，我国"千人计划""一带一路"倡议等的实施，促进了许多外籍人才和海外留学人员来华工作，中国由此从中受益。国际人才跨国流动引起了学者的关注，并从不同角度对国际人才领域的相关内容展开研究。通过文献回顾，发现已有研究还较少从非正式制度的角度切入，所以本研究试图从文化差异的角度展开分析。研究一以文化距离从整体上衡量不同国家（地区）与中国各省区市在文化方面存在差异的程度，基于 2001~2015 年 30 个省（自治区、直辖市）级数据，构建了面板数据模型，采用 OLS - Robust 估计、工具变量法估计、稳健性检验等计量分析方法，分析文化距离对国际人才与技术创新关系的影响，并探讨了技术转移的中介机制，结论如下：

第一，国际人才对技术转移、技术创新均具有正向影响，且技术转移在国际人才与技术创新之间起部分中介作用。本书研究结果表明国际人才对技术创新的直接效应为 0.216，间接效应为 0.387，技术转移在两者之间起部分中介作用，中介效应为 0.603，由此验证了假设 3 - 1 至假设 3 - 4。采用 OLS - Robust 估计、工具变量法估计、稳健性检验，结果依然成立。该部分在一定程度上揭示了国际人才影响技术创新的内在机制，弥补了以往学者从多角度分析国际人才对技术创新直接作用而未探讨其内部机制的不足。对于学者的相关研究具有启发意义，即不仅要探讨国际人才技术创新效应的限制条件，如人力资本水平、金融发展水平等，还需要分析国际人才对技术创新影响的中介机制。

第二，文化距离在国际人才、技术转移与技术创新三者两两之间均起调节作用。首先，以英国为例，研究发现文化距离负向调节国际人才与技术转移的关系，验证了假设。分国家（地区）检验结果表明，俄罗斯与英国均支持这一结论，中国台湾地区结果相反，其他国家（地区）不显著。通过 IV – 2SLS 估计发现，英国、俄罗斯的结果不再显著，韩国与中国香港地区的结果则显著为负，中国台湾地区结果依然显著为证。英国、俄罗斯、韩国、中国香港地区、中国台湾地区与祖国大陆的文化距离分别为 1.678、3.859、1.837、1.519、0.260，对比可见，中国台湾地区与中国大陆的文化差异最小，对比可知，中国台湾地区与中国大陆的文化距离最小，仅为英国的 15.49%、俄罗斯 6.73%、韩国的 14.15% 以及中国香港地区的 17.12%。由此可见，文化距离越大越不利于国际人才技术转移效应的发挥。其他 12 个国家（地区）的国际人才技术转移效应不显著，原因可能是不同国家或地区的国际人才技术转移效应具有较大的异质性，当技术转移更多受到经济利益的驱动时，可能导致国际人才与文化距离的共同作用不明显。

第三，文化距离正向调节国际人才与技术创新的关系，通过 OLS – Robust 估计、工具变量法估计和稳健性估计以及分国家（地区）的进一步检验发现，该结果依然成立。其中，在分国家（地区）检验中，英国、法国、俄罗斯、意大利、加拿大、美国、澳大利亚、日本 8 国支持这一结果；通过工具变量法估计发现，英国、法国、俄罗斯、意大利、加拿大、美国、澳大利亚、日本、荷兰 9

国支持这一结果，而且显著性有所提升。由此可见，文化距离有利于增强国际人才对技术创新的影响。该结果与假设相反，可能的原因在于：一是表层的文化距离影响一般适应，而深层的文化距离影响工作适应和互动适应，国际人才来中国主要是为了工作，可能在一定时期内接触的深层文化距离较少，因此产生的跨文化适应问题较弱。二是文化距离有利于多元文化的碰撞，促进文化多样性的形成，文化距离越大，越有利于打破常规，带来新思想，形成宽松的文化氛围和高度竞争的社会环境，从而促进人才流动、知识扩散和技能外溢，增加创新的机会和减少创新的成本。三是英国、法国、加拿大、澳大利亚、俄罗斯、美国、新西兰、新加坡、日本等大多属于发达国家或地区，具有较高水平的技术知识，而且国际人才本身具有高学历、高素质的特点，具有高水平的国际化能力。由于文化距离是互补性的来源，文化距离越大，从发达国家转移的互补性知识、技能、经验越丰富，因此，越有利于技术创新。

第四，文化距离对技术转移与技术创新的关系起正向调节作用，而且通过 OLS – Robust 估计、工具变量法估计和稳健性估计以及分国家（地区）检验发现，该结果依然成立。其中，在分国家（地区）检验中，英国、法国、俄罗斯、加拿大、美国、澳大利亚、新西兰、中国台湾 8 国家（地区）支持这一结果；通过工具变量法估计发现，英国、法国、俄罗斯、加拿大、美国、澳大利亚、新西兰、中国台湾、意大利、德国、荷兰、新加坡、日本、韩国 14 国家（地区）支持这一结果，而且显著性有所提升。由此可见，文化距离有利于增强技术转移对技术创新的影响。该结果与假设相反，可能的原因在于文化距离的存在有助于多样化商品或服务的生产，促进互补性贸易，导致互补效应大于替代效应。异域文化的商品或服务与本土商品或服务具有较大的差异性，激发了本土人员的好奇心和探知欲望，从而加以模仿、学习、利用，有利于技术转移对技术创新的影响。同时，中国文化包容性强，文化距离越大，有利于从多样化和互补性的商品或服务中获取更多的文化元素，因此，更有助于增强中国文化的多样性和包容性，易形成创新性氛围。

3.6 本章小结

研究一基于2001~2015年省（自治区、直辖市）级数据构建静态面板数据模型，从整体上探讨文化差异程度——文化距离对国际人才与技术创新关系的影响，并分析了国际人才影响技术创新的中介机制，结果表明：技术转移在国际人才与技术创新中起部分中介作用；文化距离在国际人才、技术转移、技术创新两两之间均起调节作用，其中文化距离不仅负向调节国际人才与技术转移的关系，而且正向调节国际人才与技术创新的关系以及技术转移与技术创新的关系。研究一不仅揭示了技术转移的部分中介作用，还发现了文化距离的积极作用，由此丰富了国际人才领域的相关研究。

第 4 章

研究二：区域文化、国际人才与技术创新

4.1 研究问题的提出

本书研究一主要基于文化距离从整体上测量了文化差异的程度，揭示了技术转移的中介作用，验证了文化距离的调节作用。但中国是一个多民族、多宗教、多方言的国家，疆域广阔，历史悠久，经济发展不平衡，使得中国文化具有多样化的特点。国际人才进入中国后，面对的是中国及各省区市多样化的文化环境，仅通过文化距离从整体上衡量文化差异的程度来探讨国际人才与技术创新的关系，还略显不足，遮掩了各文化维度的差别及不同作用。国际人才来到中国各省区市工作，其母国与中国各省区市在文化方面存

在较大的差异，使得国际人才来华工作受到多样性异域文化的影响。由前文文献综述可知，国内外部分学者已经以外派人员、外籍人员为研究对象，分析国际人才跨文化适应的问题，但并未突出文化的多样性、差异性，而且较少涉及技术创新方面的问题，同时大多数研究基于国家层面而不是中国区域层面，无法较为全面地反映中国各区域文化的多样性以及国际人才来华工作所受到的各种影响。

鉴于此，研究二基于我国省（自治区、直辖市）级数据，以各文化维度作为区域文化的代理变量，反映中国区域文化的多样性以及文化之间的差异性，研究不同文化维度对国际人才与技术创新之间关系的影响，主要解决以下问题：一是基于 GLOBE 文化模型，研究不确定性规避、未来导向、权力距离、社会导向集体主义、人际关系导向、绩效导向、小团体集体主义、性别平等、恃强性 9 个维度的文化对国际人才与技术创新产生怎样的影响？二是对于不同人才类别和不同国家（地区），各文化维度的影响有什么不同？研究二的主要价值在于具体探讨了中国区域多样性文化对国际人才技术创新效应发挥的影响，对研究一进一步扩展，为国家及地方政府有选择地、有针对性地实施引才政策以及优化引才措施提供理论依据，以促进国际人才技术创新效应的发挥。

4.2　研究假设

研究二中国际人才能够产生人力资本效应、网络效应、竞争效应、外部效应等，对技术创新产生影响，此处不再重复假设国际人才与技术创新之间的关系，研究一已经验证，但通过研究二可以对研究一中的结果进一步检验。

一般认为思想自由、个人自由、民主的国家或地区更有利于技术创新，如美国硅谷。但东南亚国家和地区，如韩国、新加坡、中国香港等技术和经济迅速发展，这引起学者的关注并从文化角度加以研究。目前，许多学者以霍夫斯泰德国家文化模型为基础进行研究，而该模型由于存在许多不足受到相关学者的批判（Fang，2003），许多研究仅选择部分维度进行分析，且大多聚焦在国家层面上而对区域层面上文化作用的研究不足。同时，许多实证结果发现文化的作用很弱，而且存在并不一致现象，有些甚至相互矛盾，这暗示了国家文化对技术创新的影响有可能是间接的，可以利用权变思想考察文化的作用，分析与其他变量的交互影响（赵向阳等，2012）。

区域文化是指群体内具有共同的动机、价值观、信仰、身份以及对重要事件的解释。基于 GLOBE 文化模型，可将区域文化划分为权力距离、社会导向集体主义等几大维度，国际人才母国与中国各区域在各文化维度方面存在较大差异，使国际人才技术创新效应的发挥受到区域各类维度文化的影响。从心理学角度看，文化会影响人的心理和思维方式，从而影响行为。当国际人才到与母国文化存在差异的国家或地区工作时，现有的知识结构和行为惯例等会受到挑战，容易接触到新鲜的事物，这些新奇的变化有利于创造力的产生（Godart，Shipilov & Claes，2014）。已有研究表明，具有多元文化体验和开放性体验的人更具有创造潜力（Leung & Chiu，

2008），而且相比在一个国家长大的人而言，第一代或第二代移民的创造力水平更强（Simonton，1996；Morris & Leung，2010）。但过高的文化差异不利于国际人才的适应，容易削弱员工学习的意愿和动机，不利于多样性知识的吸收、创造性的投入以及跨文化协作等（Morris，Podolny & Sullivan，2008）。因此，需要考虑文化在国际人才技术创新效应发挥中的作用。

本书研究采用 GLOBE 文化模型衡量区域文化，以分析区域文化在国际人才与技术创新之间的作用。该模型由 House 于 1991 年启动的全球性项目 "Global Leadership and Organizational Behavioral Effectiveness" 中提出，因为维度全、数据新、易得性等优势而被学者运用。GLOBE 文化模型共包含权力距离、人际关系导向、小团体集体主义、社会导向集体主义、绩效导向、未来导向、不确定性规避、性别平等、恃强性九大维度。本书研究为了检验各个文化维度的作用，特提出以下假设，并在假设检验过程中，每个模型仅加入一个文化维度进行研究，而不是同时加入。具体假设如下：

权力距离（power distance）是指群体期待权力或认可权力可以不平等分配的程度，中国权力距离比较高。高权力距离则表明组织结构为层级式、权力较为集中，决策权主要掌握在上级或权威者手中，其他成员服从于权威，缺乏批判精神、怀疑精神，创新意识受到遏制，容易扼杀社会成员的创造力（Martins & Terblanche，2003）。同时，过高的权力距离会导致组织反应不灵活，阻碍非正式沟通与交流，难以形成开放自由、宽松的文化环境，不利于思维的碰撞和新想法的产生以及创新型氛围的形成，并阻碍创新所必需的资源和信息的获取（Shane，1993；Jang，Ko & Kim，2016），不利于国际人才创新机会的识别和利用。此外，权力距离大，易导致既得利益者维护自身权益，而不愿冒风险进行创新项目的投资（艾永芳等，2017），不利于与国际人才的合作。基于以上分析，提出以下假设：

假设4-1：权力距离对国际人才与技术创新之间的关系具有负向调节作用。

人际关系导向（humane orientation）是指社会中群体鼓励人们公平、利他、关心和照顾他人的程度，强调从家人和朋友中获得社会支持和情感支持，同时强调对错误和失败的容忍。但是中国人际关系具有差序格局，可以分为以血缘为核心形成的亲人关系、以乡情和友情形成的熟人关系以及生人关系（费孝通，2007），容易形成圈内人和圈外人，圈内人更容易形成信任关系，但属于低层次的信任，仅利于圈内信息和知识的共享（Kwon & Arenius，2008）。作为外来者，国际人才需要投入精力、时间、资金去构建"圈子"，才有可能突破一定的心理隔离区建立混合性关系，一方面这有可能会导致情感和精力的"耗竭"，分散注意力，无法集中从事与技术创新相关的活动；另一方面并不一定能够融入圈内，建立较深的情感关系（Hwang，1987），信任基础薄弱，从而无法获得关键性信息、知识、资源，对创新产生不利影响（Vissa & Chacar，2009）。基于以上分析，提出以下假设：

假设4-2：人际关系导向对国际人才与技术创新之间的关系具有负向调节作用。

小团体集体主义（in-group collectivism）是指社会成员鼓励和认可包括公平、利他、友善等行为的程度，强调对家庭、密友等小群体之内的联结，流行于家族企业。与人际关系导向相似（赵向阳等，2012），但小团体集体主义更为强调与家庭、朋友等小团体关系的维护，小团体成员更容易"抱团发展"、相互支持，团体内信任程度高，但容易排外，对外部成员具有较强的敌意。作为外来者，国际人才较难融入其中，不易建立信任关系，弱化了国际人才与之合作、支持以及相互奉献的可能性，也不利于其获得相应的信息、机会和资源。因此，小团体集体主义有可能成为束缚国际人才进行创新活动的牢笼。

社会导向集体主义（societal collectivism）是指社会的制度性实践鼓励和奖励集体性资源配置和集体性行动的程度，强调个人对国家和社会的融入性。由于集体主义不鼓励冒险，强调集体价值，一般不利于创新。但也有学者认为个人主义与企业内创业活动呈"U"型关系，只有个人主义—集体主义均衡才更有利于企业创业（Morris，Avila & Allen，1993），如社会导向集体主义的国家或地区集中资源，大力支持跨部门合作，也可以促进创新（赵向阳等，2012）。同时，需要区分集体主义类别看待，如爱国主义和民族主义类集体主义强调集体目标的实现和集体荣誉感，为了满足集体的创新需求，国内人才会积极寻求与国际人才的合作，并提出新想法，可以有效增强国际人才对技术创新的影响，但家族主义和地方主义类集体主义则阻碍技术创新（Taylor & Wilson，2012）。基于以上分析，提出以下假设：

假设4-3：小团体集体主义对国际人才与技术创新之间的关系具有负向调节作用。

假设4-4：社会导向集体主义对国际人才与技术创新之间的关

系具有正向调节作用。

绩效导向（performance orientation）是指社会鼓励自己的成员追求卓越绩效的程度，有利于社会成员保持积极的自信和积极进取的态度，并有助于企业变革。但高绩效导向会导致企业注重短期回报，追求短期利益，导致短期行为的产生，如为了当下利润而削弱创新投入，从而抑制创新活动。同时，高绩效导向导致企业为了绩效目标而采取保守策略，避免风险和不确定性，而不利于从事创新活动（罗肖依和孙黎，2019）。此外，高绩效导向过于强调绩效考核，会对国际人才带来压力，增强其工作不安全感以及分散其创新注意力。与绩效导向相反，未来导向（future orientation）强调长远导向、重视未来，鼓励社会成员投资未来、延迟享受等行为，更为注重对长期利益的追求，鼓励坚持与耐心，着眼于长期目标的实现。

未来导向与绩效导向的含义与霍夫斯泰德（Hofstede，2010）所提的长期/短期导向含义类似，相比绩效导向，未来导向的地区立足于长期发展，一方面有利于地方经济主体规划长期愿景，注重分工与协作，有助于资源的有效配置，促进信息、知识的流通，从而有助于国际人才知识的获取与分享；另一方面地区更加开明灵活，勇于接受新知识、新思想，更易探索新领域，有利于激发创造性想法，强化国际人才的创新动机。因此，未来导向有助于增强国际人才对技术创新的影响（艾永芳等，2017）。基于以上分析，提出以下假设：

假设4-5：绩效导向对国际人才与技术创新之间的关系具有负向调节作用。

假设 4 - 6：未来导向对国际人才与技术创新之间的关系具有正向调节作用。

不确定性规避（uncertainty avoidance）是指社会、组织或群体在多大程度上依赖社会规范、规则和程序来减轻未来事件的不可预测性。高不确定性规避的地区意味着层级式的组织结构、正式的沟通渠道，强调命令与控制，缺乏灵活性和开放性，而且倾向于规避风险，不利于创新活动（Waarts & Everdingen，2005）。但不确定性规避高，一方面提高标准和结果的确定性，有利于企业使命和任务的快速完成（Hofstede et al.，2010）。另一方面会鼓励对规则和程序的遵守，鼓励劳动分工，支持对技术和机器的改进以减少不确定性，从而有助于创新。研究发现，高不确定规避的国家（如德国）更倾向于渐进型创新，而低不确定性的国家（如美国）更易进行突变型创新，相对而言，突变型创新风险高、投入大（Lehrer et al.，1999）。如果创新失败，而未得到合理的补偿，则会抑制创新投入的积极性（艾永芳等，2017）。基于以上分析，提出以下假设：

假设 4 - 7：不确定性规避对国际人才与技术创新之间的关系具有正向调节作用。

性别平等（gender egalitarian）是指社会缩小性别角色差异、降低性别歧视的程度。这与阳刚气质和阴柔气质类似（王国保，2010），在阴柔气质的国家或地区更容易追求性别平等（Hofstede et al.，2010）。但一般认为阳刚气质体现了进取好胜、执着坦然，更易于创新（Shane，1993），但也有学者认为阳刚气质缺乏协调与协作，反而不利于创新（Waarts et al.，2005；杨修等，2017）。性别平等具有多方面的优势，一是性别平等意味着男女享受同样的教育机会，有助于提升整体人力资本水平；二是性别平等将避免就业歧视，优化人力资源配置，促进经济发展；三是性别平等更有助于团队协作、知识共享，有利于提升效率，更有助于创新。因此，性别平等有助于吸收、消化国际人才带来的新知识、新思想，促进双方协作，从而有助于国际人才技术创新效应的发挥。恃强性（assertiveness）是指个人在与他人的社会关系中表现出恃强、直面冲突、进取的程度，西方国家属于高决断性国家，倾向于直截了当地解决问题，追求高效率；中国则倾向于求同存异、搁置争议，以达到和谐与合作的目的（吴海燕和蔡建峰，2013）。因此，恃强性有助于国内人才吸收国际人才的思想、想法，增强国际人才对技术创新的影响。赵向阳等（2010）将 GLOBE 文化模型分为传统主义文化和现代主义文化，而除了不确定规避、未来导向等，性别平等、恃强性也可以归为现代主义文化，人们追求个人方面的自由、平等、成就、效率、幸福感和自我表达。作为非正式制度，现代主义文化有利于发展和培育相对完善的正式制度环境和丰富的资源，从而促进创新。基于以上分析，提出以下假设：

假设 4 - 8：性别平等对国际人才与技术创新之间的关系具有正向调节作用。

假设 4 - 9：恃强性对国际人才与技术创新之间的关系具有正向调节作用。

4.3　研究设计

4.3.1　变量选取

理由同 3.3.1 章节研究二选择发明专利受理数作为技术创新的替代指标；选取境外来中国大陆工作专家作为国际人才的替代指标。

为了反映国际人才受到具有多样性、差异性文化的影响，研究二采用各文化维度作为区域文化的衡量方式，基于 GLOBE 文化模型各个维度进行单独分析，包括不确定性规避、未来导向、权力距离、社会导向集体主义、人际关系导向、绩效导向、小团体集体主义、性别平等、恃强性九大维度，研究二中区域文化属于不随时间变化的变量，主要原因在于中国各区域文化在过去两百年中整体上发生了缓慢的变迁，但各区域文化之间的相对差异基本保持不变（赵向阳，李海和孙川，2015）。

控制变量则根据杨河清和陈怡安（2013）、郑展鹏（2014）以及牛雄鹰、李春浩、张芮（2018）等相关学者的研究结果进行选取，其中对外开放程度、政府支持、基础设施分别采用进出口总额（按照当年人民币汇率进行转换，单位亿元）、地方财政一般预算支出（亿元）、地级及以上城市数（个）表示。人力资本则一般采取教育年限法进行测量，为居民平均受教育年限与劳动力数量（历年从业人员数量）的乘积，即人力资本 = 劳动力数量 × [（6 × 小学教

育人口 +9 × 初中教育人口 +12 × 高中教育人口 +16 × 大专及以上教育人口)/6 岁及以上人口)]。

4.3.2　研究方法

对于面板数据,当个体效应与所有随时间发生变化的解释变量都相关时,采用固定效应模型最为有效,两者都不相关时则采用随机效应模型最为有效,对介于两者之间的混合情形,采用豪斯曼 – 泰勒估计方法(即 HTM)可以有效解决,即 HTM 不仅能解决固定效应模型中被排除的不随时间变化的区域文化、基础设施等变量,而且能够利用模型内部信息产生工具变量来消除个体效应与解释变量相关所导致的内生性问题。因此,参照沃尔什(Walsh,2007)、陈丽丽和龚静(2014),本书研究采用 HTM 进行分析。

4.3.3　模型构建

根据 3.3.2 章节,研究二基于 Griliches – Jaffe 知识生产函数,将技术创新视为国际人才、区域文化(各维度分别依次单独代入模型检验)、对外开放程度、政府支持、基础设施、人力资本的函数,为了检验假设,构建面板数据模型如下:

$$lninnov_{it} = \beta_0 + \beta_1 lntal_{it} + \beta_2 cul_{it} + \beta_3 lnhc_{it} + \beta_4 lnopen_{it} + \beta_5 lngov_{it}$$
$$+ \beta_6 lninf_{it} + \lambda_i + \mu_t + \varepsilon_{it} \qquad (4-1)$$

$$lninnov_{it} = \beta_0 + \beta_1 lntal_{it} + \beta_2 cul_{it} + \beta_3 lntal_{it} \times cul_{it} + \beta_4 lnhc_{it} + \beta_5 lnopen_{it}$$
$$+ \beta_6 lngov_{it} + \beta_7 lninf_{it} + \lambda_i + \mu_t + \varepsilon_{it} \qquad (4-2)$$

其中，i 表示省（自治区、直辖市），i 表示时间，$innov_{it}$ 表示技术创新，tal_{it} 表示国际人才，cul_{it} 表示区域文化，包括确定性规避（ua）、未来导向（fo）、权力距离（pd）、社会导向集体主义（sc）、人际关系导向（ho）、绩效导向（po）、小团体集体主义（igc）、性别平等（ge）、恃强性（ass），各维度分别单独代入相应的模型检验；hc_{it} 表示人力资本，$open_{it}$ 表示对外开放，gov_{it} 表示政府支持，inf_{it} 表示基础设施，β_0 表示常数项，β_i（i = 1，2，3，4）表示弹性系数。λ_i 和 μ_t 分别表示区域个体效应、时间效应，ε_{it} 表示随机误差项。

4.3.4　数据来源

本书研究一中文化距离表现为文化差异程度，随着全球化的发展，各国文化随着交流的深入而不断碰撞、融合、变迁，文化距离会产生变化。但文化本身具有稳定性，也具有动态性，随着时间的变化而缓慢变迁（赵向阳，李海和孙川，2015）。因此，时间越短，文化变化的可能性越小。研究二中，将区域文化视为不随时间流动而产生的变量，因此，基于 2004～2015 年 30 个省份（西藏由于数据缺失剔除）的数据进行分析，相对于研究一时间较短。具体而言，技术创新、国际人才、区域文化数据来源均与第 3 章相同，对外开放程度、政府支持、基础设施则来源于《中国统计年鉴》，劳动力数量、各类教育人口和 6 岁及以上人口数据来源于《中国教育统计年鉴》。各变量描述统计及相关性分析结果如表 4-1 所示，可见各文化维度之间显著相关。

表 4-1　各变量均值、标准差和相关系数

变量	lninnov	lntal	ua	fo	pd	sc	ho	po
lninnov	1							
lntal	0.793***	1						
ua	0.244***	0.286***	1					
fo	0.015	0.045	0.388***	1				
pd	0.201***	0.118**	-0.211***	-0.491***	1			
sc	-0.002	0.210***	0.463***	0.440***	-0.368***	1		
ho	0.199***	-0.310***	0.405***	0.382***	-0.224***	0.463***	1	
po	-0.195***	-0.287***	0.272***	0.614***	-0.347***	0.571***	0.477***	1
igc	-0.287***	0.037	0.008	-0.233***	0.364***	0.190***	-0.063	0.124**
ge	-0.146***	0.015	-0.08	0.034	-0.349***	-0.183***	-0.428***	-0.189***
ass	-0.012	0.483***	0.219***	0.228***	-0.391***	0.355***	0.372***	0.358***
lnhc	0.639***	0.917***	0.193***	0.106**	0.138***	0.213***	0.267***	-0.038
lnopen	0.851***	0.522***	0.343***	0.106**	0.117**	0.113**	0.188***	-0.251***
lngov	0.863***	0.031	0.157***	-0.02	0.145***	0.029	0.151***	-0.156***
lninf	0.180***		0.179***	0.160***	-0.028	0.228***	0.270***	0.015
Mean	6.882	8.582	4.331	4.225	4.608	4.689	4.331	4.688
S. D.	1.572	1.516	0.106	0.086	0.147	0.102	0.090	0.125

续表

变量	igc	ge	ass	lnhc	lnopen	lngov	lninf
igc	1						
ge	-0.166***	1					
ass	0.021	0.092*	1				
lnhc	-0.221***	-0.395***	-0.201***	1			
lnopen	-0.234***	-0.051	-0.006	0.574***	1		
lngov	-0.193***	-0.192***	-0.088*	0.662***	0.674***	1	
lninf	0.004	-0.476***	-0.296***	0.720***	0.115**	0.311***	1
Mean	5.124	3.521	4.151	9.719	7.499	7.484	1.904
S. D.	0.106	0.109	0.116	0.813	1.645	0.883	1.012

注：*、**和***分别表示在10%、5%、1%的显著水平。

4.4　实证结果分析

4.4.1　调节作用检验

为比较全面地探讨区域文化对技术创新的影响以及区域文化对国际人才与技术创新之间关系的调节作用，研究二以 GLOBE 文化模型为基础进行分析。本书以技术创新为因变量，将区域文化的九大维度依次单独加入相应模型进行回归，即每次模型仅加入一个文化维度，结果如表4-2、表4-3所示。HTM 估计方法不仅能够保留不随时间变化的区域文化变量，还能够利用模型内部信息产生工具变量来消除个体效应与解释变量相关所导致的内生性问题，所以研究二采用该方法进行估计。首先，判断本书研究数据是否适用HTM 估计方法，表4-2中各回归方程的过度识别检验值（S-H检验）取值范围为（0.544，3.486），表4.3中各回归方程的过度识别检验（S-H检验）值取值范围为（1.341，5.548），相应的P值均大于10%，故无法拒绝"工具变量有效性"的原假设，说明HTM 估计方法是有效的。同时，各回归方程的 Wald chi2 值均比较大，对应的P值远小于0.01，对模型有较好的解释。通过对主要解释变量进行多重共线性检验，方差膨胀因子（VIF）在 1.47 ~ 3.07，远小于10，说明各个解释变量之间不存在严重的多重共线性问题。

表 4－2

国际人才对技术创新影响的回归结果

变量	ua	fo	pd	sc	ho	po	igc	ge	ass
lntal	0.109** (0.0456)	0.127*** (0.0444)	0.108** (0.0454)	0.127*** (0.0442)	0.0980** (0.0467)	0.110** (0.0451)	0.101** (0.0463)	0.110** (0.0454)	0.101** (0.0453)
cul	4.402 (3.968)	-3.535 (3.326)	6.250 (4.701)	-3.214 (2.696)	22.41 (27.05)	-3.975 (2.470)	-10.82 (6.838)	-9.985 (15.90)	10.48 (75.05)
lnhc	0.756*** (0.181)	0.817*** (0.166)	0.609*** (0.216)	0.853*** (0.163)	0.557** (0.235)	0.771*** (0.179)	0.522** (0.236)	0.652*** (0.214)	0.586*** (0.227)
lnopen	0.314*** (0.0583)	0.352*** (0.0554)	0.322*** (0.0570)	0.353*** (0.0547)	0.301*** (0.0602)	0.323*** (0.0559)	0.310*** (0.0584)	0.323*** (0.0575)	0.308*** (0.0583)
lngov	-0.114 (0.137)	-0.133 (0.140)	-0.180 (0.143)	-0.128 (0.138)	-0.174 (0.143)	-0.145 (0.139)	-0.189 (0.144)	-0.163 (0.142)	-0.172 (0.140)
lninf	-0.274 (0.191)	-0.181 (0.159)	-0.0641 (0.243)	-0.178 (0.154)	-0.593 (0.730)	-0.186 (0.179)	-0.0297 (0.252)	-0.632 (0.822)	0.280 (2.604)
constant	-22.39 (16.77)	10.56 (14.15)	-30.76 (20.85)	10.31 (12.50)	-97.29 (115.3)	15.12 (11.95)	54.45 (36.42)	33.75 (58.16)	-45.78 (316.1)
N	360	360	360	360	360	360	360	360	360
S－H 检验	3.486	2.055	0.950	1.896	0.733	0.787	0.544	1.072	3.036
Wald chi2	5333.2	5323.3	5273.0	5351.9	5175.4	5319.5	5163.6	5290.7	5438.4

注：因变量为技术创新，** 和 *** 分别表示在 5%、1% 的显著水平，"（ ）"内为回归系数的稳健标准误；cul 一行所对应的列分别表示各文化维度，每一列均仅加入一个文化维度，如第一列仅加入 ua，第二列仅加入 fo⋯tal 表示全部国际人才。

表 4 - 3　　调节作用回归结果

变量	ua	fo	pd	sc	ho	po	igc	ge	ass
lntal	0.0809*	0.124***	0.0820*	0.0647	0.103**	0.118***	0.117***	0.116**	0.124***
	(0.0458)	(0.0443)	(0.0458)	(0.0439)	(0.0463)	(0.0448)	(0.0446)	(0.0453)	(0.0441)
cul	5.374	-2.200	6.824	0.765	17.38	-2.349	-3.237	-8.196	3.210
	(3.779)	(3.319)	(4.949)	(4.069)	(22.21)	(1.706)	(3.558)	(7.705)	(2.822)
lntal × cul	1.150***	0.424	-0.644***	1.676***	-0.876*	-0.200	-0.0219	0.292	0.836***
	(0.331)	(0.410)	(0.222)	(0.328)	(0.480)	(0.282)	(0.427)	(0.369)	(0.305)
lnhc	0.743***	0.818***	0.573***	0.781***	0.567**	0.805***	0.713***	0.677***	0.732***
	(0.178)	(0.165)	(0.216)	(0.188)	(0.229)	(0.168)	(0.196)	(0.201)	(0.170)
lnopen	0.322***	0.345***	0.345***	0.315***	0.322***	0.334***	0.332***	0.332***	0.343***
	(0.0577)	(0.0553)	(0.0574)	(0.0543)	(0.0608)	(0.0548)	(0.0550)	(0.0569)	(0.0543)
lngov	-0.0555	-0.126	-0.223	-0.112	-0.227	-0.126	-0.133	-0.175	-0.0677
	(0.137)	(0.139)	(0.142)	(0.133)	(0.145)	(0.137)	(0.143)	(0.145)	(0.136)
lninf	-0.274	-0.199	-0.0736	-0.251	-0.468	-0.217	-0.162	-0.564	-0.0530
	(0.185)	(0.158)	(0.256)	(0.232)	(0.597)	(0.155)	(0.175)	(0.425)	(0.190)
Constant	-2.755*	-3.254**	-0.540	-2.737	0.478	-3.031**	-2.190	-0.826	-3.070**
	(1.651)	(1.449)	(2.066)	(1.770)	(2.725)	(1.490)	(1.879)	(2.223)	(1.493)
N	360	360	360	360	360	360	360	360	360
S - H 检验	3.017	5.548	2.794	4.740	1.341	2.051	2.373	1.613	5.261
Wald chi2	5440.5	5364.7	5396.6	5894.7	5257.1	5342.5	5372.9	5234.1	5405.5

注：因变量为技术创新，*、**和***分别表示在10%、5%、1%的显著水平，"（）"内为回归系数的稳健标准误；cul一行所对应的列均仅加入一个文化维度，每一列均仅加入各文化维度，如第一列仅加入ua，第二列仅加入fo…tal 表示全部国际人才。

表 4 - 2 中，以技术创新为因变量，依次单独加入各文化维度，模型中显示国际人才对技术创新均具有显著的正向影响，与研究一中两者关系的结果相同。但 GLOBE 文化习俗各文化维度对技术创新影响均不显著，部分研究结果与凯迪亚（Kedia，1992）、恩格伦（Engelen et al. , 2014）、李晓梅（2013）等学者的研究类似，原因可能是一方面说明区域文化对技术创新的影响可能存在间接作用，需要考虑与其他变量的共同影响（赵向阳等，2012）；另一方面技术创新替代指标的选择不同，结果可能各有异同。控制变量中，人力资本（$\beta = 0.756$，$p < 0.01$）和对外开放（$\beta = 0.314$，$p < 0.01$）均对技术创新具有正向影响，说明人力资本水平越高，模仿、学习和运用新知识、新技术的能力越强，越有利于创新；地区越开放，越有利于生产要素的自由流动，促进资源的有效配置，进而有利于技术创新。政府支持和基础设施均对技术创新起负向影响但不显著，一方面可能由于地方政府的过度干预导致资源配置不当以及重复建设、资源浪费等，不利于创新；另一方面可能是因为对于区域创新系统，相比资金投入、基础设施等，人力资本的作用更为突出。

表 4 - 3 中，对国际人才、GLOBE 各文化维度进行中心化，并将其交互项代入方程进行回归，每一列仅加入一个文化维度及其与国际人才的交互项。结果如下：除了社会导向集体主义模型，国际人才对技术创新的影响仍然显著为正，说明国际人才对技术创新影响具有稳健性。

同时，权力距离（$\beta = -0.644$，$p < 0.01$）、人际关系导向（$\beta = -0.876$，$p < 0.1$）与国际人才的交互项对技术创新具有显著

负向影响，即权力距离越高，或人际关系导向越强，越不利于国际人才对技术创新的影响，假设 4-1、假设 4-2 得到验证；社会导向集体主义（β = 1.676，p < 0.01）、不确定性规避（β = 1.150，p < 0.01）、恃强性（β = 0.836，p < 0.01）与国际人才的交互项对技术创新具有显著正向影响，表明社会导向集体主义越强，不确定规避越高，恃强性越强，越有利于促进国际人才对技术创新的影响，假设 4-4、假设 4-7、假设 4-9 得到验证。未来导向、性别平等与国际人才的交互项对技术创新具有正向影响但不显著，假设 4-6、假设 4-8 不支持；小团体集体主义、绩效导向与国际人才的交互项对技术创新具有负向影响但不显著，假设 4-3、假设 4-5 不支持。对此，下文将人才分类或分国家（地区）进行进一步检验。

4.4.2　人才分类检验

为了对主效应和调节作用结果的稳健性进行检验，本书研究对国际人才分类进行分析，包括长期型国际人才、短期型国际人才、经济型国际人才、文教型国际人才，其中长期型国际人才指在华工作 6 个月以上的境外专家，短期型国际人才指在华工作低于 6 个月的境外专家；经济型国际人才指的是参与大型建设项目建设或在外商投资企业中从事生产经营管理活动的境外专家，文教型国际人才是指从事教科文卫类的境外专家。由表 4-4 可以看出，经济型国际人才和文教型国际人才在不同文化维度下均对技术创新具有正向影响，长期型国际人才仅在不确定性规避、未来导向和社会导向集

表4-4 主效应的人才分类检验结果

变量	ua	fo	pd	sc	ho	po	igc	ge	ass
长期型国际人才	0.063* (0.037)	0.067* (0.037)	0.055 (0.037)	0.066* (0.037)	0.048 (0.038)	0.054 (0.037)	0.051 (0.038)	0.055 (0.037)	0.049 (0.037)
短期型国际人才	0.032 (0.033)	0.042 (0.033)	0.030 (0.033)	0.043 (0.033)	0.025 (0.034)	0.033 (0.033)	0.026 (0.034)	0.032 (0.033)	0.026 (0.033)
经济型国际人才	0.099*** (0.028)	0.108*** (0.027)	0.099*** (0.027)	0.108*** (0.027)	0.094*** (0.028)	0.099*** (0.027)	0.095*** (0.028)	0.099*** (0.028)	0.097*** (0.027)
文教型国际人才	0.076** (0.035)	0.083** (0.035)	0.075** (0.035)	0.083** (0.035)	0.072** (0.035)	0.075** (0.035)	0.073** (0.035)	0.076** (0.035)	0.072** (0.035)

注：因变量为技术创新，*、**和***分别表示在10%、5%、1%的显著水平，"（）"内为回归系数的稳健标准误；cul一行所对应的列分别表示各文化维度，每一列均仅加入一个文化维度，如第一列仅加入ua，第二列仅加入fo…；限于篇幅，此处仅列出各类型国际人才作用的结果，其他有需要可联系笔者索取。

体主义文化维度下对技术创新具有正向影响，而短期型国际人才则不显著，可能的原因是一方面在跨文化背景下，长期型国际人才和短期型国际人才都需要经历"U"型曲线适应模式（蜜月期、文化休克期、适应期），导致两者作用的发挥受到相应维度文化差异的较大影响；另一方面技术创新是一个较为复杂的过程，由投入到产出需要较长的时间，短期型国际人才的作用可能无法体现。

在调节作用人才分类检验中，研究二分别以长期型国际人才、短期型国际人才、经济型国际人才、文教型国际人才为对象进行分析（见表4-5至表4-8），首先不确定性规避、权力距离、社会导向集体主义对国际人才与技术创新关系的调节最为稳定（四类人才均显著），其次是特强性（除文教型国际人才均显著），最后是人际关系导向（长期型国际人才与文教型国际人才显著）。

此外，研究发现长期型国际人才未来导向（$\beta = 1.092$，$p < 0.01$）对国际人才与技术创新的关系起正向调节作用，原因可能是长期型国际人才在华工作时间较长，主要着眼于长期目标的实现和未来利益的追求，所以更可能进行探索新领域，接受新知识。对于文教型国际人才，未来导向（$\beta = 0.610$，$p < 0.05$）和性别平等（$\beta = 0.484$，$p < 0.01$）对国际人才与技术创新的关系起正向调节作用，验证了假设4-6、假设4-8；而绩效导向（$\beta = -0.432$，$p < 0.05$）起负向调节作用，验证了假设4-5。之所以产生以上结果，可能的原因是文教型国际人才都从事科学研究、技术服务、教育、卫生和社会工作、文化、体育和娱乐业等方面工作，长期导向强，易着眼于长期目标的实现，而过高的绩效追求并不适宜，而且

表4-5　长期型国际人才调节作用检验结果

变量	ua	fo	pd	sc	ho	po	igc	ge	ass
lntall	0.0606*	0.0780**	0.0671*	0.0519	0.0512	0.0584	0.0680*	0.0646*	0.0578
	(0.0368)	(0.0363)	(0.0368)	(0.0350)	(0.0377)	(0.0368)	(0.0369)	(0.0374)	(0.0364)
cul	6.082	0.141	7.060	1.178	25.81	-2.377	-1.544	-7.566	2.245
	(4.046)	(3.607)	(5.157)	(4.400)	(30.28)	(1.756)	(3.203)	(7.320)	(2.999)
lntall×cul	1.079***	1.092**	-0.617***	1.544***	-0.698**	-0.0188	-0.399	0.223	0.541**
	(0.270)	(0.345)	(0.197)	(0.281)	(0.330)	(0.238)	(0.312)	(0.252)	(0.238)
lnhc	0.686***	0.771***	0.484**	0.667***	0.482**	0.791***	0.748***	0.659***	0.756***
	(0.185)	(0.172)	(0.221)	(0.194)	(0.237)	(0.176)	(0.193)	(0.203)	(0.175)
lnopen	0.308***	0.330***	0.350***	0.309***	0.332***	0.350***	0.346***	0.346***	0.360***
	(0.0578)	(0.0557)	(0.0572)	(0.0546)	(0.0610)	(0.0554)	(0.0549)	(0.0568)	(0.0544)
lngov	-0.0450	-0.0603	-0.224	-0.156	-0.258*	-0.125	-0.0866	-0.164	-0.0802
	(0.138)	(0.139)	(0.142)	(0.133)	(0.148)	(0.139)	(0.142)	(0.143)	(0.137)
lninf	-0.259	-0.220	-0.0209	-0.191	-0.611	-0.211	-0.169	-0.525	-0.113
	(0.199)	(0.172)	(0.265)	(0.250)	(0.827)	(0.167)	(0.172)	(0.409)	(0.197)
Constant	-2.207	-3.103**	0.197	-1.421	1.679	-3.022*	-2.919	-0.883	-3.225**
	(1.733)	(1.540)	(2.122)	(1.849)	(3.047)	(1.581)	(1.822)	(2.206)	(1.558)
N	360	360	360	360	360	360	360	360	360
S-H检验	2.410	7.375	2.599	4.776	0.777	3.427	3.034	2.214	6.125
Wald chi2	5437.5	5464.5	5367.1	5900.9	5180.3	5280.4	5346.3	5201.6	5340.7

注：tall 表示长期型国际人才，其他同表4-3。

表 4 - 6

短期型国际人才调节作用检验结果

变量	ua	fo	pd	sc	ho	po	igc	ge	ass
lntals	0.0303 (0.0332)	0.0446 (0.0331)	0.0220 (0.0337)	0.00841 (0.0331)	0.0297 (0.0338)	0.0364 (0.0331)	0.0364 (0.0333)	0.0349 (0.0333)	0.0585* (0.0337)
cul	6.139 (4.197)	-2.861 (3.555)	7.693 (5.301)	-0.555 (3.549)	20.06 (22.88)	-3.174 (2.088)	-5.251 (3.958)	-8.057 (8.761)	2.439 (2.980)
lntals × cul	0.683** (0.269)	-0.175 (0.304)	-0.300* (0.171)	1.058*** (0.289)	-0.541 (0.375)	-0.0762 (0.213)	0.159 (0.377)	0.000139 (0.329)	0.491** (0.232)
lnhc	0.763*** (0.189)	0.852*** (0.170)	0.593*** (0.223)	0.845*** (0.183)	0.564** (0.234)	0.817*** (0.178)	0.685*** (0.207)	0.717*** (0.205)	0.802*** (0.172)
lnopen	0.347*** (0.0578)	0.383*** (0.0542)	0.352*** (0.0570)	0.360*** (0.0537)	0.331*** (0.0596)	0.359*** (0.0544)	0.356*** (0.0549)	0.358*** (0.0562)	0.373*** (0.0530)
lngov	-0.117 (0.139)	-0.126 (0.142)	-0.219 (0.144)	-0.107 (0.137)	-0.192 (0.143)	-0.144 (0.139)	-0.172 (0.143)	-0.162 (0.146)	-0.0984 (0.137)
lninf	-0.295 (0.207)	-0.214 (0.169)	-0.0594 (0.277)	-0.247 (0.206)	-0.540 (0.637)	-0.217 (0.177)	-0.144 (0.200)	-0.572 (0.481)	-0.125 (0.195)
Constant	-2.685 (1.770)	-3.840** (1.499)	-0.859 (2.130)	-3.695** (1.681)	0.320 (2.768)	-3.234** (1.606)	-1.896 (1.959)	-1.463 (2.295)	-3.641** (1.515)
N	360	360	360	360	360	360	360	360	360
S - H 检验	3.014	5.183	2.169	5.067	1.102	2.062	2.654	2.034	5.779
Wald chi2	5286.7	5248.0	5213.9	5558.2	5159.1	5258.4	5262.0	5184.8	5302.0

注: tals 表示短期型国际人才, 其他同表 4 - 3。

表4－7

经济型国际人才调节作用检验结果

变量	ua	fo	pd	sc	ho	po	igc	ge	ass
lntale	0.103*** (0.0277)	0.111*** (0.0271)	0.0884*** (0.0277)	0.0912*** (0.0267)	0.0961*** (0.0281)	0.101*** (0.0270)	0.103*** (0.0270)	0.105*** (0.0271)	0.0971*** (0.0265)
cul	3.600 (3.480)	-2.296 (3.138)	5.740 (4.413)	-1.737 (2.742)	20.34 (23.38)	-1.689 (1.534)	-2.282 (2.947)	-4.761 (5.325)	3.351 (2.511)
lntale × cul	0.390* (0.223)	0.386 (0.279)	-0.301** (0.151)	0.737*** (0.220)	0.490 (0.326)	0.218 (0.179)	0.0484 (0.304)	-0.128 (0.285)	0.870*** (0.214)
lnhc	0.776*** (0.170)	0.801*** (0.162)	0.595*** (0.210)	0.869*** (0.165)	0.552** (0.230)	0.797*** (0.165)	0.742*** (0.183)	0.768*** (0.182)	0.697*** (0.167)
lnopen	0.323*** (0.0562)	0.361*** (0.0521)	0.344*** (0.0540)	0.345*** (0.0513)	0.305*** (0.0589)	0.348*** (0.0516)	0.352*** (0.0514)	0.351*** (0.0540)	0.360*** (0.0507)
lngov	-0.0688 (0.136)	-0.113 (0.138)	-0.155 (0.141)	-0.0219 (0.137)	-0.114 (0.144)	-0.0889 (0.136)	-0.107 (0.142)	-0.0984 (0.141)	-0.0165 (0.134)
lninf	-0.279* (0.169)	-0.199 (0.153)	-0.0883 (0.230)	-0.269 (0.164)	-0.564 (0.640)	-0.226 (0.153)	-0.196 (0.161)	-0.452 (0.297)	-0.0560 (0.180)
Constant	-2.979* (1.543)	-3.328** (1.402)	-1.174 (1.988)	-4.334*** (1.465)	0.118 (2.765)	-3.278** (1.453)	-2.736 (1.704)	-2.545 (1.870)	-3.220** (1.458)
N	360	360	360	360	360	360	360	360	360
S－H检验	3.568	6.507	2.672	4.175	0.890	4.085	3.438	2.721	5.528
Wald chi2	5451.7	5470.9	5448.3	5691.7	5318.0	5483.7	5475.2	5408.0	5667.3

注：tale 表示经济型国际人才，其他同表4－3。

表4-8

文教型国际人才调节作用检验结果

变量	ua	fo	pd	sc	ho	po	igc	ge	ass
lntalc	0.0722** (0.0339)	0.0877** (0.0345)	0.0889** (0.0353)	0.0591* (0.0335)	0.0756** (0.0352)	0.0735** (0.0348)	0.0742** (0.0358)	0.0777** (0.0348)	0.0921*** (0.0351)
cul	6.104 (3.919)	-2.013 (3.490)	7.414 (4.992)	0.704 (4.052)	22.65 (26.29)	-3.083 (2.061)	-6.258 (4.390)	-10.69 (10.80)	1.778 (3.840)
lntalc×cul	1.098*** (0.220)	0.610** (0.304)	-0.414** (0.164)	1.258*** (0.262)	-0.611** (0.300)	-0.432** (0.215)	0.0990 (0.261)	0.484** (0.211)	0.304 (0.206)
lnhhc	0.703*** (0.182)	0.799*** (0.169)	0.540*** (0.219)	0.639*** (0.191)	0.496** (0.234)	0.773*** (0.173)	0.582*** (0.217)	0.604*** (0.211)	0.757*** (0.173)
lnopen	0.340*** (0.0563)	0.361*** (0.0538)	0.346*** (0.0570)	0.347*** (0.0537)	0.312*** (0.0597)	0.358*** (0.0541)	0.335*** (0.0558)	0.321*** (0.0570)	0.362*** (0.0530)
lngov	-0.0735 (0.135)	-0.109 (0.139)	-0.222 (0.144)	-0.211 (0.135)	-0.198 (0.144)	-0.0914 (0.138)	-0.150 (0.142)	-0.188 (0.142)	-0.100 (0.137)
lninf	-0.259 (0.197)	-0.189 (0.165)	-0.0331 (0.265)	-0.123 (0.234)	-0.561 (0.724)	-0.207 (0.164)	-0.0828 (0.213)	-0.644 (0.592)	-0.123 (0.214)
Constant	-2.375 (1.705)	-3.282** (1.487)	-0.279 (2.095)	-1.147 (1.804)	1.226 (2.883)	-3.125** (1.547)	-0.979 (2.068)	0.217 (2.454)	-3.064** (1.535)
N	360	360	360	360	360	360	360	360	360
S-H检验	2.641	6.607	1.857	5.471	0.785	1.109	2.386	1.787	6.451
Wald chi2	5644.8	5407.1	5326.5	5823.1	5235.8	5371.6	5314.6	5304.7	5368.6

注：talc 表示文教型国际人才，其他同表4-3。

所研究的样本中，各国绩效导向的分值大多低于中国，差距平均为
−0.185。因此，对于文教型国际人才创新效应的发挥，长期导向
有利，而绩效导向相反。

4.4.3　分国家（地区）检验

由于地理、语言、经济发展、政治体制、宗教等因素不同，各
个国家（地区）文化存在较大差异，因此，嵌入在国际人才的文化
也不同，导致来自不同国家（地区）的国际人才受到区域文化的影
响也存在差异。对此，本书研究加以检验（见表 4 − 9）。在 13 个
国家（地区）中，中国台湾地区（$\beta = 0.558$，$p < 0.01$）、日本
（$\beta = 0.431$，$p < 0.1$）、韩国（$\beta = 0.323$，$p < 0.05$）、英国（$\beta =$
1.042，$p < 0.01$）、德国（$\beta = 0.349$，$p < 0.05$）、法国（$\beta =$
0.437，$p < 0.05$）、荷兰（$\beta = 0.274$，$p < 0.05$）、加拿大（$\beta =$
0.933，$p < 0.01$）、美国（$\beta = 0.998$，$p < 0.01$）9 个国家（地区）
中不确定性规避对国际人才与技术创新的关系起正向调节作用；中
国台湾地区（$\beta = 0.433$，$p < 0.01$）、日本（$\beta = 0.582$，$p < 0.01$）、
韩国（$\beta = 0.448$，$p < 0.01$）、英国（$\beta = 0.889$，$p < 0.01$）、德国
（$\beta = 0.811$，$p < 0.01$）、荷兰（$\beta = 0.370$，$p < 0.05$）、加拿大
（$\beta = 0.748$，$p < 0.01$）、美国（$\beta = 1.330$，$p < 0.01$）8 国（地区）
中社会导向集体主义对国际人才与技术创新的关系起正向调节作
用；中国台湾地区（$\beta = −0.387$，$p < 0.01$）、日本（$\beta = −0.298$，
$p < 0.05$）、韩国（$\beta = −0.366$，$p < 0.01$）、法国（$\beta = −0.206$，
$p < 0.1$）、荷兰（$\beta = −0.190$，$p < 0.1$）、加拿大（$\beta = −0.547$，

p < 0.01）、美国（β = -0.434，p < 0.05）7 国（地区）中权力距离对国际人才与技术创新的关系起负向调节作用；日本（β = 0.740，p < 0.01）、英国（β = 0.433，p < 0.1）、德国（β = 0.489，p < 0.01）、法国（β = 0.434，p < 0.01）、美国（β = 0.552，p < 0.01）5 国（地区）中恃强性对国际人才与技术创新的关系起正向调节作用；美国（β = -0.830，p < 0.05）中人际关系导向对国际人才与技术创新的关系起负向调节作用。因此，不确定规避、社会导向集体主义、权利距离、恃强性、人际关系导向等的作用与前文分析的结果一致，具有一定的稳健性。

同时，韩国（β = 0.331，p < 0.1）、英国（β = 0.519，p < 0.1）、荷兰（β = 0.487，p < 0.01）三国中未来导向以及法国（β = 0.424，p < 0.05）、澳大利亚（β = 0.298，p < 0.1）两国中性别平等对国际人才与技术创新的关系起正向调节作用，验证了假设 4 - 6、假设 4 - 8。韩国（β = -0.411，p < 0.01）中小团体集体主义对国际人才与技术创新的关系起负向调节作用，原因可能是小团体集体主义不利于国际人才打破和融入亲疏有别的关系网络，导致国内外人才信任基础薄弱，不利于协作和资源获取。同时，韩国（5.536）和中国（5.804）小团体集体主义比较接近，所以对国际人才的影响更大，而由此验证了假设 4 - 3。由此可见，不同国家文化影响各国人才的思维范式和行为习惯，塑造了人的价值观念，各国的人才来到中国后面临新文化的冲击，所受到的影响也存在差异。

表 4 - 9　　分国家（地区）调节作用检验结果

国家（地区）	ua	fo	pd	sc	ho	po	igc	ge	ass
中国香港	0.00107 (0.159)	-0.186 (0.180)	-0.116 (0.095)	0.0732 (0.144)	-0.0220 (0.183)	0.00582 (0.126)	-0.109 (0.163)	0.111 (0.151)	0.0548 (0.142)
中国台湾	0.558*** (0.154)	0.201 (0.196)	-0.387*** (0.114)	0.433*** (0.147)	0.0630 (0.186)	0.0757 (0.140)	-0.143 (0.190)	0.0931 (0.168)	0.184 (0.171)
日本	0.431* (0.222)	0.0984 (0.249)	-0.298** (0.146)	0.582*** (0.187)	0.365 (0.303)	0.208 (0.172)	0.0672 (0.250)	0.0216 (0.238)	0.740*** (0.209)
新加坡	0.0641 (0.163)	-0.148 (0.191)	-0.0198 (0.118)	-0.111 (0.179)	-0.207 (0.175)	-0.191 (0.123)	-0.181 (0.182)	-0.0331 (0.161)	-0.0898 (0.124)
韩国	0.323** (0.154)	0.331* (0.183)	-0.366*** (0.115)	0.448** (0.176)	0.0324 (0.174)	-0.181 (0.134)	-0.411* (0.213)	-0.0301 (0.161)	0.150 (0.134)
英国	1.042*** (0.228)	0.519* (0.300)	-0.216 (0.178)	0.889*** (0.242)	0.241 (0.306)	0.0548 (0.205)	0.350 (0.305)	-0.298 (0.241)	0.433* (0.225)
德国	0.349** (0.166)	0.322 (0.209)	-0.149 (0.137)	0.811*** (0.177)	-0.00716 (0.177)	0.0698 (0.156)	0.0497 (0.200)	-0.156 (0.191)	0.489*** (0.162)
法国	0.437** (0.173)	0.125 (0.205)	-0.206* (0.115)	0.226 (0.160)	-0.302 (0.216)	-0.140 (0.155)	0.0808 (0.179)	0.424** (0.177)	0.434*** (0.161)

续表

国家（地区）	ua	fo	pd	sc	ho	po	igc	ge	ass
荷兰	0.274** (0.135)	0.487*** (0.169)	-0.190* (0.0981)	0.370** (0.164)	0.110 (0.181)	0.158 (0.116)	0.186 (0.155)	0.0251 (0.146)	0.187 (0.133)
加拿大	0.933*** (0.237)	0.401 (0.297)	-0.547*** (0.158)	0.748*** (0.228)	-0.256 (0.310)	0.0158 (0.209)	-0.359 (0.280)	0.121 (0.226)	0.341 (0.214)
美国	0.998*** (0.271)	0.138 (0.334)	-0.434** (0.196)	1.330*** (0.278)	-0.830** (0.334)	-0.145 (0.217)	0.359 (0.318)	0.183 (0.281)	0.552** (0.219)
澳大利亚	-0.00727 (0.172)	0.00122 (0.210)	-0.137 (0.131)	0.0760 (0.170)	-0.135 (0.234)	-0.148 (0.166)	-0.0674 (0.216)	0.298* (0.161)	-0.000224 (0.153)
新西兰	0.211 (0.142)	-0.0774 (0.163)	-0.0339 (0.115)	0.209 (0.157)	-0.136 (0.154)	-0.165 (0.111)	-0.0861 (0.150)	0.0138 (0.154)	-0.183 (0.121)

注：因变量为技术创新，*、**和***分别表示在10%、5%、1%的显著水平，"（）"内为回归系数的稳健标准误；限于篇幅和为了使结果明了清晰，此处仅列出调节作用结果，其他有需要可联系笔者索取。

4.5 结果与讨论

通过文献综述可知，已有文化与创新的研究结论存在不一致性、矛盾性，可见区域文化在技术创新中的角色比较复杂，需要突破主效应研究的范式，进入交互作用的研究范式中来。由于国际人才来华工作，所面临的各省区市各维度文化与其国家存在差异，其创新效应的发挥受到各维度文化的影响也有所不同，研究二为了更加深入地反映文化的多样性、差异性，在研究一的基础上进行扩展，基于 GLOBE 文化模型对各个维度的作用加以具体分析，采用 2004～2015 年中国省（自治区、直辖市）级数据，构建面板数据模型，利用 HTM 研究方法，从文化差异视角研究国际人才对技术创新的影响机制，结果如下。

第一，国际人才对技术创新具有显著正向影响，且具有稳定性。通过人才分类检验发现，在依次单独加入各文化维度的情况下，经济型国际人才和文教型国际人才均对技术创新具有正向影响；长期型国际人才在加入不确定性规避、未来导向和社会导向集体主义三类文化维度时影响显著，而短期型国际人才结果均不显著，主要原因可能在于国际人才面对异域文化时需要一定时间的适应，即布莱克（Black，1988）提到的"U"型曲线适应模式，分为蜜月期、文化休克期、适应期，由对异域文化的新奇到文化冲突，再到调整而逐渐适应当地文化，需要一定时间，而且技术创新是一个较为复杂的过程，从投入到产出需要较长时间。因此，对于短期型国际人才来说，对技术创新影响的整体效果可能无法体现。

第二，调节作用检验中，权力距离、人际关系导向均显著负向调节国际人才与技术创新之间的关系；不确定性规避、社会导向集体主义、特强性三者均显著正向调节国际人才与技术创新之间的关系。与大多数研究不符，研究二发现了不确定性规避的积极作用；同时，社会导向集体主义对国际人才与技术创新之间的关系具有正向调节作用。本书研究证实了社会导向集体主义具有正向作用，而泰勒和威尔逊（Taylor & Wilson，2012）认为家族主义和地方主义类集体主义会阻碍技术创新。因此，需要对集体主义加以区别看待。

通过人才分类检验发现，不确定性规避、权力距离、社会导向集体主义对国际人才与技术创新关系的调节最为稳定，特强性次之，最后是人际关系导向。同时，未来导向（长期型国际人才、文教型国际人才）和性别平等（文教型国际人才）对国际人才与技术创新的关系起正向调节作用；绩效导向（文教型国际人才）则起负向调节作用。可能的原因是长期型国际人才在华工作时间较长，主要着眼于长期目标的实现和未来利益的追求，所以更可能探索新领域，接受新知识。同理，文教型国际人才大都从事科学研究、技术服务、教育、卫生和社会工作、文化、体育和娱乐业等方面工作，长期导向强，易着眼于长期目标的实现，过高的绩效追求并不适宜，而且所研究的样本中，各国绩效导向的分值大多低于中国，差距平均为 -0.185。因此，过高的绩效追求可能不利于文教型人才创新能力的发挥。同时，过高的绩效追求可能较为注重短期利益，这与技术创新需要较长的过程不相符，所以不利于技术创新。

第三，通过分国别（地区）研究发现，在 13 个国家（地区）中，不确定性规避（中国台湾地区、日本、韩国、英国、德国、法国、荷兰、加拿大、美国 9 个国家和地区）、社会导向集体主义（中国台湾地区、日本、韩国、英国、德国、荷兰、加拿大、美国 8 个国家和地区）、权力距离（中国台湾地区、日本、韩国、法国、荷兰、加拿大、美国 7 个国家和地区）对国际人才与技术创新关系的显著调节作用最为稳定，大部分国家（地区）都支持研究假设；特强性（日本、英国、德国、法国、美国 5 国）次之，最后是人际关系导向（美国）。同时，未来导向（韩国、英国、荷兰）和性别平等（法国、澳大利亚）对国际人才与技术创新的关系起正向调节作用，进一步验证了假设；小团体集体主义（韩国）对国际人才与技术创新的关系起负向调节作用，可能的原因在于韩国与中国小团体集体主义较为接近，国际人才同样会受到小团体集体主义的不利影响。

4.6 本章小结

为了反映文化的多样性、差异性，突出国际人才来华工作受到与母国文化截然不同的区域文化的影响，研究二基于 GLOBE 文化模型，采用 2004～2015 年中国省（自治区、直辖市）级数据，构建面板数据模型，利用 HTM 研究方法进行分析，结果发现：在依次单独加入不同文化维度变量后，国际人才对技术创新具有显著正向影响；人才分类检验结果表明，经济型国际人才和文教型国际人才均对技术创新具有正向影响；长期型国际人才在加入不确定性规避、未来导向和社会导向集体主义三类文化维度时影响显著，而短期型国际人才不显著。权力距离、人际关系导向均显著负向调节国际人才与技术创新之间的关系；不确定性规避、社会导向集体主义、恃强性三者均显著正向调节国际人才与技术创新之间的关系。通过人才分类与分国别（地区）进一步验证，该结果依然显著，而且发现了未来导向和性别平等的积极作用与小团体集体主义的消极作用。因此，基于 GLOBE 文化模型具体研究各文化维度对国际人才与技术创新关系的影响存在必要性，丰富了国际人才领域和区域文化相关领域的研究。

第 5 章

研究三：关系文化、
国际人才与技术创新

■ 5.1 研究问题的提出

本书研究一主要以文化距离综合测量了文化差异的程度，结果发现文化距离在国际人才影响技术创新的整个过程中起调节作用，弥补了国际人才研究中"非正式制度"层面因素研究的不足。为了反映文化的多样性、差异性，本书研究二基于 GLOBE 文化模型依次单独分析了各文化维度在国际人才与技术创新之间的作用，深入具体地揭示了不同人才类型、不同国家（地区）国际人才如何受到中国不同维度文化的影响，有利于有针对性地采取引才措施。此外，作为来华工作的外来群体，国际人才必然会受到与其母国在文化方面存在较大差异的中国本土特色文化如儒家文化、道家文化、佛家文化等的影响。为了深化文化影响的研究，突出中国特色文化的作用，使研究更有针对性，研究三对关系文化在国际人才与技术创新之间的作用进行分析。之所以选择关系文化作为中国特色文化之一进行研究，原因有以下两个方面。

第一，儒家文化是中国文化的主体部分，不同于区域文化中人际关系导向，关系文化是儒家文化在中国社会文化中的鲜明体现，与儒家文化中的"五常"密不可分。其中"仁""礼"分别是关系文化的核心与手段，强调人际交往中以仁爱、和谐为准则，以宗亲血缘为核心并扩散到同乡、同窗、朋友而构成亲疏有别的关系网络。这种关系文化为偏私行为、为打破规则以获取资源提供了合理依据，并成为血缘关系之外获取信任资源的基础，从而影响社会活动与经济交易。

第二，上文研究二、研究三中所采用的 GLOBE 文化模型主要是基于西方情境下所设计的问卷而进行的测量，各文化维度是描述西方文化的恰当概念，但对历史传承、社会文化等都具有很强特色的中国缺乏良好的针对性。因此，考虑到中国情境，可以采用本土概念来解释中国人的行为（黄光国，2006），探讨中国本土特有的文化对外来国际人才的影响。由于历史进化方式不同，西方关系文化更多强调契约性、关系对等、个人主义、经济关系，与中国关系文化更多地强调社会伦理、差序格局、集体主义、情感性关系存在较大差别（董雅丽，2006），这说明具有中国特色的关系文化与研究二中的人际关系导向和小团体主义明显不同。因此，对关系文化的研究存在很大的必要性。此外，"关系"属于中国社会结构中具有很强特色的文化现象（金耀基，1992），关系这一概念已被国内外学者所认可（Chen & Chen，2004；刘林青和梅诗晔，2016）。

基于以上分析，研究三以关系文化为基础对国际人才与技术创新之间的关系进行有针对性的研究。关系文化体现了中国人际交往的规则，深深嵌入在中国社会、经济、生活中，一方面这种文化以关系作为信誉保证，有利于情感交流，建立互信关系，从而有益于资源获取、冲突摩擦的解决。但另一方面日益复杂的人际关系常会打破规则，容易产生腐败和寻租行为，而且基于关系产生的商业往来会导致经济主体付出高昂的人际成本，即人情"负债"，同时不利于经济主体精力的集中（李新春等，2016）。因此，关系文化成为影响国际人才跨文化适应的重要因素，进而会对国际人才的工作绩效和技术创新能力产生影响。关系文化既有积极的一面，又有消极的一面，面对关系文化的双重影响，国际人才是否能够有效发挥其能力，以促进技术创新？如果有利，如何强化？如果不利，该如何解决？

基于此，研究三所关注的重点在于：一是关系文化如何影响国际人才与技术创新的关系，二是从社会资本的角度分析，社会信任是否有利于技术创新？能否强化或弱化关系文化的影响。研究三的价值在于，一方面从中国特色的文化——关系文化着手，分析其对国际人才的影响，进一步有针对性地深化了研究一、研究二的内容，丰富了国际人才与关系文化研究领域的内容。同时，对国际人才引进之后如何更好地促进其技术创新效应的发挥具有启发意义，为中国引才引智提供理论借鉴。此外，2012 年底，中共中央提出"八项规定"，反腐倡廉，规范干部作风，引导社会良好的风气发展，有利于弱化关系文化不利影响，所以该研究与实践相契合，具有较好的现实意义。

5.2　研究假设

在研究三中，国际人才与第 3 章一样，具有相同效应，有利于促进技术创新。因此，此处不再重复作出有关两者关系的假设。但研究三中国际人才面对的是中国特色文化——关系文化，受到的影响可能存在差异。因此，可以以此对国际人才与技术创新之间的关系进行检验，进一步验证研究一、研究二中的结果。

5.2.1　关系文化与技术创新

关系文化是地区内个人或组织对关系网络的认同、构建及维护，所形成的一种约束公众行为的文化价值体系（刘锦等，2018）。作为非正式制度，关系文化在中国经济运行中比较普遍和重要，"礼尚往来""拉关系"成为商业活动中常见的现象。关系文化的影响主要体现在两个方面，一方面作为社会资本，能够弥补正式制度的不足，有利于资源获取、降低市场交易风险，促进经济发展（Peng & Luo，2000）；另一方面关系文化成为束缚企业创新的制约因素（李新春等，2016）。由于创新需要过多的资金、人力、时间投入，相对而言，"拉关系"更为有效，从而诱发组织或个人的寻租行为，以便获得企业短期绩效的提升。同时，在盛行关系文化的地区，知识产权保护力度小，容易导致企业的创新活动被模仿或复制，破坏了市场竞争制度，从而降低企业创新投入的意愿。由于关系文化具有强制性和诱致性的作用，既会强制同地区企业遵循相同的规则，又能够诱发企业采取同样的手段获取资源，使外来企业如海归企业家与本土企业家达到正规—非正规平衡趋势（Lin D et al.，2015），进而导致恶性循环，进一步抑制技术创新。基于以上分析，提出以下假设：

假设5-1：关系文化对技术创新具有负向影响。

中国人基于儒家思想将交往对象分为亲疏有别的不同群体，以家人关系为核心，形成亲缘关系、熟人关系、生人关系三个层次的文化关系，由此构成了一个个同心圆（费孝通，2007）。亲缘关系以外的群体很难突破心理隔离区，具有保守性（Hwang，1987）。由于关系文化已经深入到中国方方面面，成为人们普遍接受的价值观和行为准则，具有较强的约束力，这会极大地对国际人才造成影响。国际人才需要投入更多的时间和精力进行关系的培养，才可以构建信任关系，以方便业务开展和合作（Jin，2006）。同时，关系文化属于中国社会关系规范之一，具普适性，受到中国人的普遍认同，具有很强的束缚力，迫使国际人才在既定规范下，构建个人网络关系，获取信息和资源（李新春等，2016）。这与国际人才所形成的价值观念、思维习惯存在冲突，导致其产生跨文化适应问题，容易削弱国际人才学习、交流的意愿和动机，不利于多样性知识的吸收、创造性的投入以及跨文化协作等（Morris，Podolny & Sullivan，2008）。同时，来自保守型文化的人才不太容易接受国外的创意，无法有效与地域宽松型文化的人才合作，阻碍交流学习并获得创新知识，并随着文化距离的增加而加剧（Chua，Roth & Lemoine，2014）。当国际人才到与母国文化差异较小的国家时，现有的知识结构和行为惯例等虽然会受到挑战，但更容易为当地人所接受，容易产生身份认同，有利于降低跨文化适应的难度（Tung，2016），同时容易接触到与本国不同的新鲜事物，这些新奇的变化有利于创造力的产生（Godart，Shipilov & Claes，2014），反之则不利于技术创新。基于以上分析，提出以下假设：

假设5-2：关系文化对国际人才和技术创新之间的关系起负向调节作用。

5.2.2　社会信任与技术创新

社会信任是指社会生活中人们普遍存在的对某种公平和合作的期望（Knack & Keefer，1997），体现了社会活动和交往过程中人们自发性的社交活动，是社会网络形成和发展过程中的黏合剂。基于社会资本可知，社会信任能够促使社会个体或群体为了实现共同目标而进行资源交换、彼此合作（Paul & Kwon，2002），对商业合作、技术进步、经济繁荣产生直接影响，能够提高社会效率（Putnam，1905）。对于技术创新而言，社会信任能够促进信息传播与沟通，从而有利于知识技术转移和信息、资源的获取，对区域创新能力的提高产生正向影响。此外，社会信任程度越高，越有利于降低社会交易成本和扩大未来合作的可能性，从而达成的交易与合作越多（Granovetter，1973）。同时，社会信任有利于打消人们思想交流的顾虑，从而有利于营造良好的创新氛围，增强知识交流和思想交换的频率，有利于创新思维的碰撞。随着社会信任度的提升，国家创新水平也得到提升（李晓梅，2013）。此外，在相互联系较弱的社会网络中，社会信任有利于加快创新活动接受的速率。已有研究表明，社会信任对技术创新具有明显的促进作用（Akçomak & Weel，2009）。基于以上分析，提出以下假设：

假设 5 - 3：社会信任对技术创新具有正向影响。

如果社会信任比较低，关系文化就会起作用，这会破坏正式的法律合约，同时这种额外的"交易成本"阻碍了经济的灵活性和快速增长。相比较而言，英美国家的社会信任主要来自制度与规范，而中国、意大利等社会信任则建立在两两连带上，如血缘、地缘连带、人情交换（Fukuyama，1995），所以中国人容易采取关系策略以获得特殊信任（李新春等，2016）。与西方企业的物本观不同，中国企业价值观更偏向于人本观，从而容易采取关系策略，而社会信任越低，这种倾向性越强，越重视企业短期绩效而不是长期绩效的发展；社会信任越高，企业对关系的推崇越弱，更倾向于提升品牌价值（杨皖苏和杨善林，2016）。由于中国社会经济发展不均衡，地区市场化水平越高，正式制度越趋于完善，企业受到政府的干预越低，关系文化越弱，采用关系策略获取资源的动机越弱化。因此，当国际人才进入中国不同地区，面对的社会信任情况不同，当社会信任越高，关系文化则越弱，越有利于国际人才参与到创新活动的交流与合作中去，提升协作效率；社会信任度越低，国际人才面临的关系文化越强，需要投入更多的时间、精力经营关系，获取信任，以达到资源和合作机会的获取，不利于技术创新。基于以上分析，提出以下假设：

假设 5 - 4：社会信任对国际人才和技术创新之间的关系起正向调节作用。

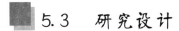

5.3　研究设计

5.3.1　变量选取

理由同第 3 章，研究三选择发明专利受理数作为技术创新的替代指标，选取境外来中国大陆工作专家作为国际人才的替代指标。

1. 关系文化

由于关系分类呈现出复杂性和层次性，学者们在研究中根据研究需要从不同视角出发对关系进行了测量。首先，采用量表测量，既有单维度的测量法，又有多维度测量法。如辛和皮尔斯（Xin & Pearce，1996）采用问项进行测量，包括关系的重要性、关系的类型（企业关系、政府关系）、关系的构建途径（送礼物等）等；陈和彭（Chen & Peng，2008）以 MBA 学生为研究对象，构建了工具性关系和情感性关系两个维度；庄、席和曾（Zhuang Xi & Tsang，2010）采用情感紧密度和互动状况进行测量。其次，分类进行测量，如与彭和罗（Peng & Luo，2000）相似，李、周和邵（Li，Zhou & Shao，2009）采用商业关系和政府关系对管理者与合作者和政府的关系进行测量。最后，采用代理变量法，如张和冯（Zhang & Fung，2006）采用是否为协会会员、捐赠和娱乐公关费用进行间接测量。国内学者则采用饮食社交、市场关系质量/政府关系质量量表进行测量（陈云松和边燕杰，2015；李雪灵和申佳，2017），还有学者采用公关招待费用、超额管理费用、招待时间等反映企业对关系的重视程度（朱沆等，2012；黄玖立和李坤望，2013；何晓斌等，2013）。

叶文平等（2016）认为以个体为单位的关系测度忽略了人际互动群体之间的影响和联合作用，缺乏制度和文化等环境因素的考虑，因此构建了地区关系文化指数。一是该指数既体现了潜在的制度规则，又表征了约束人们行为的文化价值体系，还说明了不同地区关系文化的差异，有利于宏观与微观结合理解中国经济行为。二是该指数以六次大规模全国私营企业抽样调查数据为基础进行测量，该数据库是由全国工商联和国家工商总局牵头按 0.55% 的比例对全国范围内的私营企业进行多阶段分层次调查，涉及 19017 家企业样本，涵盖 31 省（自治区、直辖市），代表性比较强。三是该指数以企业招待时间、招待费用两个指标为基础，以平均工资水平消除不同地区消费水平差异进行构建，以反映企业对关系活动的投入强度和重视程度。四是各省份历年指数排名比较稳定，并通过与官员腐败、市场化进程等指标关系的检验，反映了该指标具有很好的信效度。同时，该指数得到相关学者如李新春等（2016）的检验，具有很好的理论意义和实践意义。国际人才来华的目的在于商业合作、工作等，必然会受到这种关系文化的影响。基于以上分析，本书研究选择叶文平等（2016）构建的关系文化指数来衡量关系文化。

2. 社会信任

已有文献常采用张维迎和柯荣住（2002）的企业间信任调查数据、世界价值观调查数据、中国综合社会调查以及劳动争议案件受理量等替代指标，但存在数据时间短、没有变化、数据缺失、不易获取、效度有待检验等问题，而且大多不是以企业或企业领导人为调查对象（颜克高和井荣娟，2016）。王小鲁和攀钢等（2011）受中国企业家调查系统委托，针对国有企业和非国有企业，利用中国企业经营者跟踪调查问卷进行调研，其中包括"适合当地企业经营的诚信社会环境情况"的测量，该测量能够较为准确地反映中国各省份的社会信任水平。该数据已经得到颜克高和井荣娟（2016）等学者的验证。同时，该调研与国际人才来到中国进行工作和商业合作活动的情形相符，因此，本书研究采用王小鲁和攀钢等（2011）的信任数据。

控制变量主要选取对外开放程度、外商直接投资、金融发展水平、产业结构作为替代指标，分别采用中国各省份历年进口总额（按照当年人民币汇率进行转换）与 GDP 比值、实际利用外商直接投资额（按照当年人民币汇率进行转换）与 GDP 比值、第二产业增加值与 GDP 比值、金融结构存贷款余额与 GDP 比值表示。

5.3.2 模型构建

根据 3.3.2 节，研究三将技术创新视为国际人才、关系文化、社会信任、对外开放程度、外商直接投资、金融发展水平、产业结构的函数，为了检验假设，构建面板数据模型如下：

$$\ln innov_{it} = \beta_0 + \beta_1 \ln tal_{it} + \beta_2 gx_{it} + \beta_3 tru_{it} + \beta_4 \ln open_{it} + \beta_5 \ln fdi_{it}$$
$$+ \beta_6 \ln fin_{it} + \beta_7 \ln ind_{it} + \lambda_i + \mu_t + \varepsilon_{it} \qquad (5-1)$$

$$\ln innov_{it} = \beta_0 + \beta_1 \ln tal_{it} + \beta_2 gx_{it} + \beta_3 tru_{it} + \beta_4 \ln tal_{it} \times gx_{it} + \beta_5 \ln tal_{it}$$
$$\times tru_{it} + \beta_6 gx_{it} \times tru_{it} + \beta_7 \ln tal_{it} \times gx_{it} \times tru_{it} + \beta_8 \ln open_{it}$$
$$+ \beta_9 \ln fdi_{it} + \beta_{10} \ln fin_{it} + \beta_{11} \ln ind_{it} + \lambda_i + \mu_t + \varepsilon_{it} \qquad (5-2)$$

其中，i 表示省（自治区、直辖市），t 表示时间，$innov_{it}$ 表示技术创新，tal_{it} 表示国际人才，gx_{it} 表示关系文化，tru_{it} 表示社会信任，$open_{it}$ 表示对外开放，fdi_{it} 表示外商直接投资，fin_{it} 表示金融发展，ind_{it} 表示产业结构，β_0 表示常数项，β_i（i = 1，2，3……11）表示弹性系数。λ_i 与 μ_t 分别表示区域个体效应、时间效应，ε_{it} 表示随机误差项。

5.3.3　数据来源

由于关系文化和社会信任调研数据并非每年均有实施，因此，限于数据可得性，研究三的数据时间段与前两个研究不同，主要基于 30 个省区市（西藏由于数据缺失剔除）2000～2010 年的数据进行分析。具体而言，技术创新与国际人才数据来源同第 3 章，关系文化数据来源于叶文平等（2016）学者的研究结果，社会信任数据来源于王小鲁、攀钢等（2011）调研的三年数据，对外开放程度、外商直接投资、金融发展水平、产业结构数据来源于《中国统计年鉴》和各省份历年统计年鉴。各变量统计描述如表 5-1 所示。

表 5 - 1 各变量均值、标准差和相关系数

Variable	ininnov	lntal	gx	tru	lnopen	lnfdi	lnfin	lnind
ininnov	1.000							
lntal	0.780***	1						
gx	0.064	0.047	1					
tru	0.687***	0.665***	-0.091	1				
lnopen	0.612***	0.788***	-0.219***	0.603***	1			
lnfdi	0.435***	0.622***	-0.015	0.521***	0.601***	1		
lnfin	0.118	0.160**	-0.273***	0.192*	0.422***	0.126*	1	
lnind	0.292***	0.141*	-0.162**	-0.126	0.061	0.048	-0.174**	1
Mean	7.204	8.347	7.700	3.017	-2.579	-4.039	0.787	-0.799
S.D.	1.471	1.571	2.493	0.183	1.146	1.046	0.460	0.193

注：*、** 和 *** 分别表示在 10%、5%、1% 的显著水平。

5.4 实证结果分析

5.4.1 调节作用检验

研究三所采用的数据为 T 较小，N 较大，属于短面板数据，模型误差项独立同分布。为了避免多重共线性而导致伪回归的影响，利用 Stata14.0 软件进行 VIF 检验，结果表明所有解释变量中，VIF 的最大值为 5.88，远小于 10，表明不存在严重的多重共线性问题。同时，通过 F 检验和豪斯曼检验确定模型类型（见表 5 - 2），均在 1% 的水平上显著，因此，应选择固定效应模型。

为了验证调节效应，本书对国际人才、关系文化、社会信任进行了中心化处理，并将国际人才与关系文化的交互项、国际人才与社会信任的交互项分别代入方程进行回归，结果如表 5 - 2 所示。模型 1 为基准模型，仅包含控制变量，其中对外开放程度（β = 0.459，p < 0.01）、金融发展（β = 2.554，p < 0.01）、产业结构（β = 5.475，p < 0.01）均在 1% 的显著水平上对技术创新正向影响，外商直接投资（β = - 0.301，p < 0.05）对技术创新具有显著负向影响，这说明外商直接投资对国内技术创新具有一定的抑制作用，当 FDI 较高时，即超过一定的门槛值时，才能对技术创新具有明显促进作用（叶阿忠、林小伟和刘卓怡，2017）。模型 2 为主效应模型，结果表明国际人才对技术创新具有显著正向影响（β = 0.248，p < 0.05），检验结果在模型 3 和模型 4 中仍然稳健，进一步验证了研究一和研究二中国际人才与技术创新的关系。模型 3 和模型 5 分别加入两个调节变量，结果显示地区文化关系对技术创新有显著负向影响（β = - 0.299，p < 0.01），且大于国际人才对技术创新的正向影响（β = 0.223，p < 0.1）；社会信任对技术创新具有显著正向影响（β = 1.677，p < 0.01），验证结果在模型 4 和模型 6 中仍然稳健，假设 5 - 1、假设 5 - 3 得到支持。模型 4 和模型 6 分别加入相应的交互项，结果显示国际人才与关系文化交互项的回归系数显著为负（β = - 0.0637，p < 0.05），说明关系文化显著负向调节国际人才与技术创新之间的关系，假设 5 - 2 得到支持；国际人才与社会信任交互项的回归系数显著为正（β = 0.940，p < 0.01），说明社会信任显著正向调节国际人才与技术创新之间的关系，假设 5 - 4 得到支持。同时，相比模型 3 和模型 4 中关系文化

及其与国际人才的交互作用对技术创新影响，模型 5 和模型 6 中社会信任及其与国际人才的交互作用对技术创新影响更大。社会信任可能有利于突破关系文化的束缚，对此，我们加以验证，如模型 7 中加入关系文化与社会信任的交互项，发现关系文化对技术创新的负向影响降低，而且关系文化与社会信任的交互作用（$\beta = 1.727$，$p < 0.01$）对技术创新产生正向影响。由此可见，需要重视社会信任的积极作用，可以通过提升社会信任来弱化关系文化对技术创新的影响。

表 5-2　　　　　　　　　　模型确定及调节效应检验

变量	模型 1	模型 2	模型 3	模型 4	模型 5	模型 6	模型 7
	FE	FE	FE	FE	FE	FE	FE
lntal		0.248 ** (0.108)	0.223 ** (0.0980)	0.222 ** (0.0962)	0.122 (0.198)	-0.0675 (0.181)	
gx			-0.299 *** (0.0521)	-0.299 *** (0.0511)			-0.138 ** (0.0678)
lntal × gx				-0.0637 ** (0.0251)			
tru					1.677 *** (0.354)	1.988 *** (0.322)	1.727 *** (0.413)
lntal × tru						0.940 *** (0.235)	
gx × tru							0.299 ** (0.136)
lnopen	0.459 *** (0.176)	0.377 ** (0.177)	0.236 (0.162)	0.193 (0.160)	0.0114 (0.255)	0.199 (0.230)	-0.103 (0.238)

续表

变量	模型1	模型2	模型3	模型4	模型5	模型6	模型7
	FE	FE	FE	FE	FE	FE	FE
lnfdi	− 0. 301 **	− 0. 329 **	− 0. 387 ***	− 0. 304 **	− 0. 239	− 0. 326 **	− 0. 263
	(0. 135)	(0. 133)	(0. 121)	(0. 123)	(0. 172)	(0. 153)	(0. 159)
lnfin	2. 554 ***	2. 455 ***	2. 003 ***	1. 901 ***	2. 205 ***	2. 241 ***	2. 093 ***
	(0. 475)	(0. 470)	(0. 433)	(0. 427)	(0. 411)	(0. 364)	(0. 392)
lnind	5. 475 ***	5. 357 ***	3. 600 ***	3. 998 ***	2. 663 ***	3. 915 ***	2. 454 ***
	(0. 591)	(0. 585)	(0. 611)	(0. 620)	(0. 914)	(0. 866)	(0. 855)
Constant	9. 541 ***	7. 128 ***	7. 993 ***	8. 634 ***	1. 132	2. 646	2. 567
	(0. 809)	(1. 321)	(1. 205)	(1. 210)	(2. 276)	(2. 046)	(2. 136)
N	180	180	180	180	89	89	89
R^2	0. 531	0. 547	0. 632	0. 647	0. 622	0. 710	0. 686
F	41. 27 ***	35. 03 ***	41. 13 ***	37. 51 ***	14. 51 ***	18. 21 ***	16. 19 ***
豪斯曼检验	28. 74 ***	50. 71 ***	73. 71 ***	73. 29 ***	27. 60 ***	36. 88 ***	41. 44 ***

注：** 和 *** 分别表示在5%、1%的显著水平，"（ ）"内为回归系数的稳健标准误。

研究三进行了沃德检验（Wald test），发现各模型修正 Wald 统计量均在1%水平上显著，说明存在异方差；通过沃尔德检验和弗里德曼（Friedman，1937）提供的检验方法，发现不存在组间自相关和同期相关。因此，本书研究采用最稳健的"OLS + 面板矫正标准误差"进行修正，结果如表5 - 3所示，相比表5 - 2，各模型中回归系数变化不大，显著性略有变化，关系文化、社会信任分别对国际人才与技术创新的调节作用依然显著。

表 5 - 3 调节效应 OLS – Robust 估计

变量	模型 8 FE（R）	模型 9 FE（R）	模型 10 FE（R）	模型 11 FE（R）	模型 12 FE（R）	模型 13 FE（R）	模型 14 FE（R）
lntal		0.248* (0.131)	0.223* (0.117)	0.222* (0.128)	0.122 (0.161)	-0.0675 (0.140)	
gx			-0.299*** (0.0747)	-0.299*** (0.0747)			-0.138 (0.0931)
lntal × gx				-0.0637** (0.0286)			
tru					1.677*** (0.414)	1.988*** (0.294)	1.727*** (0.463)
lntal × tru						0.940*** (0.268)	
gx × tru							0.299** (0.141)
lnopen	0.459* (0.230)	0.377* (0.218)	0.236 (0.182)	0.193 (0.182)	0.0114 (0.252)	0.199 (0.254)	-0.103 (0.235)
lnfdi	-0.301 (0.195)	-0.329 (0.199)	-0.387** (0.184)	-0.304* (0.170)	-0.239 (0.162)	-0.326* (0.165)	-0.263 (0.184)
lnfin	2.554*** (0.648)	2.455*** (0.614)	2.003*** (0.604)	1.901*** (0.584)	2.205*** (0.338)	2.241*** (0.296)	2.093*** (0.283)
lnind	5.475*** (1.083)	5.357*** (1.077)	3.600*** (1.120)	3.998*** (1.231)	2.663** (0.975)	3.915*** (0.928)	2.454** (1.053)
Constant	9.541*** (1.044)	7.128*** (1.989)	7.993*** (1.538)	8.634*** (1.555)	1.132 (2.587)	2.646 (2.165)	2.567 (2.404)

续表

变量	模型 8	模型 9	模型 10	模型 11	模型 12	模型 13	模型 14
	FE（R）	FE（R）	FE（R）	FE（R）	FE（R）	FE（R）	FE（R）
N	180	180	180	180	89	89	89
R^2	0.531	0.547	0.632	0.647	0.622	0.710	0.686
F	31.23 ***	24.78 ***	25.92 ***	26.04 ***	13.55 ***	19.15 ***	15.39 ***

注：*、** 和 *** 分别表示在 10%、5%、1% 的显著水平，"（）"内为回归系数的稳健标准误。

由于存在关系文化和社会信任两个调节变量，为了考察三重交互作用以及进一步验证的两者的调节作用，本书研究参照李新春、叶文平和朱沆（2016）等学者的研究思路进行分析（见表 5-4）。模型 15 在模型 9 的基础上加入所有调节变量，结果与模型 10 和模型 12 一致，说明关系文化（β = -0.169，p < 0.1）和社会信任（β = 1.247，p < 0.05）对技术创新的影响仍然显著，且两者作用效果远大于国际人才对技术创新的影响。模型 16、模型 17 和模型 18 在模型 9 基础上分别加入了相应的交互项变量，结果表明关系文化（β = -0.075，p < 0.1）和社会信任（β = 0.901，p < 0.01）的调节作用与模型 11 和模型 13 的研究结果一致。此外，关系文化与社会信任的交互作用（β = 0.288，p < 0.1）对技术创新的正向影响依然显著。

模型 19 为全模型，社会信任的调节作用（β = 0.698，p < 0.01）以及关系文化与社会信任（β = 0.232，p < 0.01）的交互作用仍然显著，而关系文化调节效应不再显著。同时，检验国际人才、关系文化、社会信任三者的交互作用，如模型 20，结果发现，三重交互作用对技术创新产生正向影响，但不显著。结合模型 14、

模型 18 和模型 19 的结果，我们可以发现，社会信任高，对技术创新的积极影响比较大，并有利于弱化关系文化对技术创新的影响，强化国际人才对技术创新的影响。

表 5 - 4　　　　　　　　　　　三重交互作用

变量	模型 15	模型 16	模型 17	模型 18	模型 19	模型 20
	FE（R）	FE（R）	FE（R）	FE（R）	FE（R）	FE（R）
lntal	0.150 (0.128)	-0.00110 (0.166)	-0.0346 (0.120)	0.0618 (0.149)	-0.197 (0.211)	-0.209 (0.203)
gx	-0.169* (0.0946)	-0.181** (0.0842)	-0.152* (0.0797)	-0.140 (0.0940)	-0.143* (0.0724)	-0.179** (0.0703)
tru	1.247** (0.488)	1.340*** (0.465)	1.588*** (0.328)	1.693*** (0.470)	1.952*** (0.428)	1.863*** (0.405)
lntal × gx		-0.0750* (0.0434)			-0.0662 (0.0510)	-0.0767 (0.0539)
lntal × tru			0.901*** (0.241)		0.698*** (0.226)	0.943*** (0.293)
gx × tru				0.288* (0.148)	0.232* (0.132)	0.260** (0.124)
lntal × gx × tru						0.116 (0.0781)
lnopen	0.00473 (0.232)	0.0925 (0.204)	0.186 (0.248)	-0.119 (0.247)	0.123 (0.259)	0.162 (0.257)
lnfdi	-0.225 (0.165)	-0.106 (0.133)	-0.310* (0.164)	-0.261 (0.184)	-0.215 (0.152)	-0.193 (0.148)
lnfin	1.883*** (0.344)	1.859*** (0.332)	1.950*** (0.269)	2.055*** (0.318)	2.052*** (0.292)	2.089*** (0.286)

续表

变量	模型 15	模型 16	模型 17	模型 18	模型 19	模型 20
	FE (R)	FE (R)	FE (R)	FE (R)	FE (R)	FE (R)
lnind	2.770 **	3.124 ***	3.959 ***	2.458 **	3.752 ***	3.734 ***
	(1.075)	(1.111)	(1.027)	(1.043)	(0.991)	(0.953)
Constant	3.764	5.849 *	4.948 **	2.163	5.234 **	6.000 **
	(2.812)	(3.105)	(2.381)	(2.652)	(2.439)	(2.581)
N	89	89	89	89	89	89
R^2	0.660	0.681	0.741	0.686	0.762	0.768
F	13.72 ***	11.89 ***	20.14 ***	16.54 ***	23.40 ***	21.36 ***

注：*、** 和 *** 分别表示在 10%、5%、1% 的显著水平，"（ ）"内为回归系数的稳健标准误。

5.4.2　稳健性检验

为了确保结果的可靠性和稳健性，在以上基础上，研究三还通过调整控制变量数量，改变模型设定，进行稳健性检验如表 5 - 5、表 5 - 6 所示，相比表 5 - 3 和表 5 - 4，除各回归系数有所变化外，关系文化和社会信任的调节作用依然成立，支持原有假设。

表 5 - 5　　　　　　　　　**稳健性检验**

变量	模型 21	模型 22	模型 23	模型 24	模型 25	模型 26	模型 27
	FE (R)	FE (R)	FE (R)	FE (R)	FE (R)	FE (R)	FE (R)
lntal		0.223 *	0.195	0.201	0.122	- 0.0529	
		(0.128)	(0.116)	(0.134)	(0.144)	(0.129)	

续表

变量	模型 21	模型 22	模型 23	模型 24	模型 25	模型 26	模型 27
	FE（R）	FE（R）	FE（R）	FE（R）	FE（R）	FE（R）	FE（R）
gx			−0.285*** (0.0744)	−0.289*** (0.0733)			−0.144 (0.0983)
lntal × gx				−0.0801** (0.0320)			
tru					1.707*** (0.399)	2.003*** (0.282)	1.715*** (0.437)
lntal × tru						0.868*** (0.262)	
gx × tru							0.275* (0.140)
lnopen	0.510** (0.220)	0.440** (0.199)	0.316* (0.158)	0.241 (0.168)	−0.000789 (0.263)	0.169 (0.276)	−0.104 (0.252)
lnfin	2.491*** (0.659)	2.397*** (0.633)	1.956*** (0.624)	1.840*** (0.594)	2.227*** (0.341)	2.267*** (0.313)	2.099*** (0.289)
lnind	5.143*** (1.040)	5.009*** (1.049)	3.274*** (1.144)	3.862*** (1.266)	2.355** (0.968)	3.406*** (0.866)	2.147** (1.012)
Constant	10.67*** (0.818)	8.597*** (1.682)	9.667*** (1.347)	10.02*** (1.457)	1.725 (2.552)	3.324 (2.228)	3.467 (2.439)
N	180	180	180	180	89	89	89
R^2	0.515	0.528	0.605	0.632	0.608	0.685	0.669
F	47.74***	34.25***	33.65***	33.36***	17.33***	24.02***	19.25***

注：*、** 和 *** 分别表示在10%、5%、1%的显著水平，"（）"内为回归系数的稳健标准误。

表 5 - 6 三重交互作用稳健性检验

变量	模型 28 FE（R）	模型 29 FE（R）	模型 30 FE（R）	模型 31 FE（R）	模型 32 FE（R）	模型 33 FE（R）
lntal	0.151 (0.116)	−0.0203 (0.159)	−0.0194 (0.114)	0.0702 (0.138)	−0.230 (0.209)	−0.240 (0.198)
gx	−0.172* (0.0979)	−0.184** (0.0842)	−0.158* (0.0863)	−0.147 (0.0983)	−0.150* (0.0740)	−0.189** (0.0728)
tru	1.266** (0.468)	1.360*** (0.451)	1.588*** (0.313)	1.676*** (0.429)	1.987*** (0.401)	1.882*** (0.368)
lntal × gx		−0.0846* (0.0425)			−0.0885 (0.0525)	−0.0980* (0.0535)
lntal × tru			0.831*** (0.238)		0.621*** (0.221)	0.910*** (0.293)
gx × tru lntal × gx × tru				0.263* (0.148)	0.246** (0.120)	0.277** (0.115)
lntal × tru						0.132 (0.0866)
lnopen	−0.00692 (0.242)	0.0991 (0.215)	0.156 (0.267)	−0.121 (0.263)	0.119 (0.275)	0.164 (0.272)
lnfin	1.898*** (0.334)	1.862*** (0.324)	1.964*** (0.264)	2.057*** (0.311)	2.059*** (0.283)	2.100*** (0.275)
lnind	2.481** (1.046)	3.053*** (1.104)	3.478*** (0.923)	2.154** (0.999)	3.518*** (0.922)	3.525*** (0.877)
Constant	4.372 (2.861)	6.364* (3.154)	5.678** (2.522)	3.001 (2.729)	6.150** (2.678)	6.917** (2.785)
N	89	89	89	89	89	89
R^2	0.648	0.678	0.719	0.670	0.753	0.760
F	16.24***	13.35***	22.85***	18.34***	28.16***	24.31***

注：*、** 和 *** 分别表示在 10%、5%、1% 的显著水平，"（ ）"内为回归系数的稳健标准误。

5.5 结果与讨论

国际人才来到中国后面临着与母国文化存在差异的中国特色文化的影响，尤其是中国关系文化与儒家文化密切相关，深深嵌入在中国社会、经济、生活中，对国际人才产生深入的影响。因此，探讨关系文化如何束缚国际人才创新效应的发挥以及如何突破这种束缚具有深刻的研究意义。同时，这与 2012 年底中共中央提出"八项规定"的现实情况相符。通过实证检验，可以为政策的调整提供必要的参考，具有良好的现实意义。目前，较少实证研究涉及此方面内容。因此，为了突出中国特色文化的影响，研究三以关系文化为基础，基于 2000 ~ 2010 年的中国省（自治区、直辖市）级相关数据，构建静态面板数据模型，研究国际人才对技术创新的影响机制，拓展了研究一、研究二的内容。研究发现：

第一，国际人才对技术创新有正向影响，通过加入关系文化及两者交互项检验发现，结果依然显著，具有稳健性，研究一、研究二分别证实了国际人才对技术创新的积极影响，因此，三个研究相互呼应。

第二，关系文化对技术创新有负向影响，且负向调节国际人才与技术创新的关系，即关系文化越强，国际人才对技术创新的正向影响越弱。通过三重交互作用检验发现，关系文化依然负向调节国际人才与技术创新的关系。由此可见，关系文化对国际人才的束缚作用比较强，即在存在关系文化的情况下，不利于国际人才技术创新效应的发挥。因此，中共中央"八项规定"的实施，对我国经济、社会的发展具有长远的价值，有利于弱化关系文化，对国际人才技术创新能力的发挥具有积极作用。

第三，社会信任对技术创新有正向影响，并正向调节国际人才与技术创新的关系，即社会信任越高，国际人才对技术创新的正向影响越强。同时，在所有含有社会信任的模型中发现，社会信任对技术创新的影响显著为正；所有含有国际人才与社会信任的交互项中，其系数显著为正。由此可见，社会信任对技术创新的影响以及对国际人才与技术创新之间关系的调节比较稳定。

第四，关系文化与社会信任的交互作用对技术创新产生正向影响，在加入社会信任后，关系文化对技术创新的负向影响减弱。在所含有社会信任与关系文化的交互项的模型中，其系数显著为正，国际人才、关系文化与社会信任三者的交互作用对技术创新产生正向影响但不显著。由此可见，社会信任能够弱化关系文化对技术创新的负向影响，甚至这种负向影响会随着社会信任的增加而消失。因此，社会信任越高，国际人才对关系的依赖越低，在经济交易中会被欺骗和利用的担心就越少，从而有利于国际人才将更多的时间投入到新产品研发中而非浪费过多的资源对供应商、合作者等的监督上，更有利于技术创新。

5.6　本章小结

为了突出中国情境下文化的作用，研究三采用中国本土概念，分析与国际人才母国文化存在差异的中国特色文化之一——关系文化对国际人才的影响,同时探讨如何弱化或强化这种影响。研究三基于2000~2010年中国省(自治区、直辖市)级相关数据,构建静态面板数据模型进行研究,结果发现:关系文化对技术创新具有负向影响,且负向调节国际人才与技术创新之间的关系;社会信任对技术创新具有正向影响,且正向调节国际人才与技术创新之间的关系;社会信任能够弱化关系文化对技术创新的负向影响,甚至这种负向影响会随着社会信任的提高而消失。由此可见,中国关系文化具有很强的束缚性,为了弱化这种不利影响,可以从提高社会信任的角度着手。研究三丰富了国际人才领域、社会资本领域、关系文化领域的相关研究,对社会实践具有较高的启发意义。

第 6 章
研究四：政治关系、关系投入与技术创新

■ 6.1 研究问题的提出

从研究一、研究二到研究三，三个研究之间相互补充、不断拓展和深化，具体分析了文化差异程度（文化距离）、区域文化（文化多维度）、地区关系文化（中国特色文化之一）对国际人才与技术创新关系的影响。此外，研究一还分析了技术转移在国际人才与技术创新之间的中介作用以及研究三中研究了社会信任对于国际人才与技术创新的正向调节作用，有利于国家或地方政府采取有力的措施，提高国际人才技术创新能力的发挥。为了进一步拓展和深化本书研究内容，研究四从微观层面上分析国际人才个人如何受到文

化差异的影响，以及如何更好地应对才更有利于提高企业或个人创新效果。由以上文献综述可知，已有有关国际人才个人层面的研究，但大多从外派人员着手，关注外派人员的跨文化适应、外派绩效等，较少关注外派人员创新方面的研究，而且中国情境下的文化特征还有待深入分析（见 2.1 节和 2.3 节）。

基于此，研究四所关注的问题在于：一是技术创新如何受到国际人才政治关系、关系投入的影响？二是国际人才个人特征如自信水平、人力资本对技术创新产生怎样的影响？研究四的价值在于对本书前三个研究进一步拓展，从个体层面探索中国文化特征（政商文化）对国际人才创新效果的影响，以及国际人才从个人特征方面可以采取的应对措施，丰富了跨文化领域和国际人才领域的研究，同时对于个人更好地适应中国文化、实现自我价值具有指导意义。

6.2 研究假设

6.2.1 政治关系与技术创新

目前，我国在资源配置方面在一定程度上还沿袭计划经济体制时期的逻辑，因此，相比国有企业，民营企业处于劣势地位，难以获得特定资源或获取资源需付出高昂成本。民营企业可以通过政治关系（political relationship）获得相应的优势，虽然政治关系的构建需要投入成本、容易形成依赖、导致腐败等（Chen & Chen，

2009；Gu et al.，2008），而不利于创新投入（陈爽英等，2010）。但作为民营企业的负责人，国际人才可以通过政治关系获得以下优势，一是容易获得相应的资源支持，基于社会资本理论可知，政治关系属于外部社会资本或较为微观层次的社会资本，它以国际人才类企业家为中心，与政府机关人员构建联系以获取并控制相应的资源，从而取得更多机会，以解决企业问题、提高企业绩效（Ac-quaah，2012）。已有研究表明，政治关系有利于企业家及时获得国家政策信息、创新资源和投资融资支持等，从而引导企业家加强创新投入，促进技术创新（刘力钢和董莹，2018）。此外，政治关系在创新阶段通过获取资源和试验学习而影响新产品创新，并在创新占有阶段增强新产品创新对新产品绩效的影响（Shi & Cheng，2016）。通过相应资源的获取，能够降低交易成本，减轻了国际人才经营、管理的负担，如银行贷款利率低、享受税收优惠、政府补贴等，有助于企业将更多资金投入创新活动中去。二是有助于构建信任关系，不同于在英国、美国中社会信任主要来自制度与规范，中国社会信任则建立在两两连带上，如血缘、地缘连带、人情交换（Fukuyama，1995）。政治关系属于混合性关系，是由工具性关系转换过来，所形成的相对稳定的、长期的关系，适应于人情法则（Hwang，1987）。通过与当地政府建立良好的关系，形成信任氛围，更有利于国际人才与政府保持相同的观念，并获得政府的支持，从而保证知识的转移（Buckley，Clegg & Tan，2010）。此外，政治关系还为国际人才在知识产权等方面提供了非正式保护，有利于商业纠纷的快速解决，降低政治和行政管理的不确定性，避免了外部环境的威胁，从而为国际人才进行创新活动提供良好的外部环境。基于以上分析，提出以下假设：

假设 6-1：国际人才的政治关系对技术创新具有正向影响。

6.2.2 关系投入与技术创新

关系投入也称网络交易成本（relationship cost），是指为控制和调用社会资本，进而实现交易，经济主体需要付出的代价（此处仅指经济代价），即为了构建和维护关系网络，获得交易信息或者影响决策，经济主体需要付出的成本，体现为获取社会资本的费用（朱沆等，2012）。由此可见，关系投入的目的在于获取信息资源，减少交易中的障碍，以及影响或干预他人决策，从而达到交易的目的。因此，关系投入的结果有助于信息传递、知识转移、资源获取，有利于国际人才进行创新活动，实现创新战略（周小宇等，2016）。但是关系投入更多地体现了国际人才构建关系网络所需要的成本，如娱乐旅行、招待费用和时间等，从而不利于国际人才从事创新活动，具体表现在：一是占用了企业创新活动资源，增加了企业的成本支出，如资金分散了创新活动的投资，尤其是对政治关系的构建而言，容易导致持续的寻租行为，影响企业正常经营。二是分散国际人才注意力，根据企业家注意力理论，商业决策的关键在于企业家有限注意力的分配（Simon，1979）。作为企业家，决策是国际人才的最重要的职能，关系构建需要国际人才将更多的时间、资源分配到其中，创新活动的投入势必会受到影响（刘锦等，2018）。同时，由于国际人才回到国内，远离了国外网络，注意力的分散更不利于对国外先进信息的及时获取。三是形成依赖性，与创新相比，经营关系的成本较低，资源消耗也较少，但获取的收益比较大。尤其是在高不确定的市场环境中，通过关系更易获得稀缺资源和竞争优势（Chen & Peng，2008）。因此，国际人才可能会形成依赖性，将时间、精力、资源更多地投入关系网络构建中而非创新活动中。同时，这种依赖性还有可能导致国际人才对市场变化反应迟钝，导致集体无意识出现，从而难以快速地根据市场变化进行创新（Gu et al.，2008）。基于以上分析，提出以下假设：

假设6-2：国际人才的关系投入对技术创新具有负向影响。

6.2.3 人力资本与技术创新

根据人力资本理论可知，人力资本是指由于教育培训、在职培训等投资而凝聚在人身上的知识、技能、经验等，其中教育是关键。人力资本对技术创新具有重要影响，一是直接作用，作为企业家，经济型国际人才具有国际商业知识、技术等，具有较强的创新能力和技术能力（Bai & Lind，2016；董洁林，2013），而且一方面更容易接受新鲜事物，勇于引入新理念、新想法、新技术，更倾向于自主创新和偏向国际化、全球化方向发展（董洁林，2013）；另一方面人力资本水平越高，越有助于利用现有机会，并有助于机会识别和机会重构，从而能够带来颠覆性创新（Marvel & Lumpkin，2007）。同时，人力资本越高，越有助于快速把握市场信息和变化趋势，并从外部环境中准确获取企业所需要的资源，这将有利于创新投入的发生（宁静和井润田，2009）。二是间接吸收作用，人力资本水平越高，越有助于国际人才对新知识的理解、解释、消化、吸收和掌握，并运用到企业中去。尤其是作为企业家，国际人才可以通过"干中学"获得更多的技术知识和管理能力，并通过双重网络关系获得稀缺性资源和技术前沿，有利于突破性创新（Woschke et al.，2017）。三是作为企业家，国际人才可以将在教育中获得的先进管理理念应用到企业管理实践中，如构建良好的团队，以便更好地促进团队成员之间知识、技能等的共享，促进团队有效沟通、协调、合作等。同时，还有完善激励制度、提高组织支持力度等，这些都有利于促进企业创新。此外，作为企业家，国际人才具有使命感和自身荣誉感，因此具有更高的企业成长意愿（Shane & Venkataraman，2000），更倾向于长期导向而非短期利益，这更有助于企业创新行为的发展（Waarts et al.，2005）。基于以上分析，提出以下假设：

假设6-3：国际人才的人力资本对技术创新具有正向影响。

6.2.4　自信水平与技术创新

自信水平主要是指由于财产和收入的多寡、对生产资源的支配和生产掌控权以及对地方或国家经济的影响等，是人员对自我在经济发展中的认可程度（周旅军，2016）。但目前大多数学者从管理者过度自信的角度出发进行研究，认为由于管理者过高估计自身能力和未来收益，低估风险，以及存在控制幻觉等，不利于企业发展，但许多学者认为过度自信还存在积极的影响。在对企业创新影响方面，最早认为CEO过度自信导致其会为了证明个人价值而提升创新能力，尤其是行业竞争越激烈，效果更明显（Galasso &

Simcoe，2011）。同时，以上学者大多从财务的角度针对上市公司管理者进行研究，而较少从心理角度对企业家过度自信研究（陈晓珊和刘洪铎，2018）。"中国私营企业调查"中地位自我评价的测量直接反映企业家的主观心理特征，体现了企业家的自信水平，为了分析经济型国际人才自信水平的积极作用，研究四以自信水平进行分析。具体而言，第一，自信水平越高，创新意愿越强。作为决策者与领导者，经济型国际人才掌握较多的资源和信息，具有较高水平的国际化意识、国际化能力与经验，对新鲜事物接受程度高，倾向于国际化、全球化发展（董洁林，2013），这必然会面临充满复杂性和不确定性的国际市场。自信水平越高，对风险与失败的接受程度越高，更易冒险进行创新活动，提高国际市场竞争能力（Liu et al.，2010），从而有助于证明自我能力和远见。第二，由于创新活动具有长期性、不确定等特点，国际人才自信水平高，易忽略失败的可能性，低估创新风险而高估未来收益，更倾向于承担风险、挑战困难，促使企业进行更多的资源投入，如资金投入、人才招聘等，进行创新活动（林慧婷和王茂林，2014）。同时，由于具有较高的人力资本和双重社会网络，国际人才能够运用分析—战略思维应对处理复杂关系（Liu & Almor，2015），而非盲目冒险，因此更助推自信水平高的国际人才进行创新活动。基于以上分析，提出以下假设：

假设 6-4：国际人才的自信水平对技术创新具有正向影响。

6.3 研究设计

6.3.1 数据来源

研究四的数据主要来源于"中国私营企业调查",该调查由全国工商联和国家工商总局牵头,自 2000 年以来调查次数达 8 次之多。调查对象为各省份私营企业,具有行业多样化、多层次性和不同规模的特点,代表性较强。研究四采用 2008 年、2010 年、2012 年三次调查所得的数据,由于每年抽样调查的企业存在差异,而且无法根据确认是否同属一家企业,因此三年的样本之间独立不相关,可以构成截面数据进行分析。为了达到以国际人才为研究对象的目标和保证研究样本的合理性、有效性,采用以下标准对数据进行筛选:①首先选择"曾在外资、港澳台企业工作"和"国外留学或工作人员"的样本。由 2.1.1 章节可知,这类人才与经济类境外专家含义更为接近,为了行文方便,可以简称为国际人才或经济型人才;②对关键变量(技术创新、关系投入、社会资本等)缺失的样本进行剔除;③剔除样本信息缺失过多和不符合客观事实的样本,最终获取到 207 个样本。此外,市场化指数从《中国分省份市场化指数报告(2016)》中获取。

6.3.2　变量测量

1. 技术创新

基于数据的可得性，研究四从投入的角度，将企业当年的研发投入金额作为技术创新的衡量指标，为了避免计量分析过程中变量间数值差异过大，对研发投入金额取对数（见 2.4.2 章节）。

2. 政治关系

关系资本是中国社会背景下的社会资本维度划分（陈爽英等，2010），体现了网络成员之间的关系，是社会资本的三大维度之一（Nahapiet & Ghoshal，1988）。在中国社会经济背景下，中国民营企业受政府与市场的共同主导和影响，成为人大代表或者政协委员不仅是民营企业主参政议政最直接的方式，有利于诉求表达（Li，Meng & Junsen，2010），还代表政府给予取得一定成绩企业家的荣誉，具有较高的含金量，体现了企业家的实力和关系运作的能力，有利于信息资源的获取。根据已有研究，政治关系的测量方式为经济型国际人才是否为人大代表或政协委员，是则记为 1，否则为 0（陈爽英等，2012）。

3. 关系投入

参照已有文献，由于部分年份中企业家投入关系活动的时间数据缺失，研究四选择公关招待费用衡量企业家网络交易成本，将具有公关招待费用的企业设为 1，否则为 0（周小宇等，2016；朱沆等，2012）。

4. 人力资本

人力资本是知识、技能和能力的进一步改善，主要通过保健、教育、人力迁移等投资实现（舒尔茨，1990）。因此，受教育程度常被用来衡量人力资本，参照已有文献，研究四将大学及以上学历的企业家设为1，体现较高的人力资本水平，否则设为0，体现较低的人力资本水平。

5. 自信水平

许多学者采用财务指标、市场指标和外界评价指标间接衡量企业家自信水平，但无法反映企业家的心理感知，不能直接反映企业家的自信程度。"中国私营企业调查"中地位自我评价的测量直接反映企业家的主观心理特征，体现了企业家的自信水平。因此，研究四以经济地位的自我评价作为企业家自信水平的衡量（陈晓珊和刘洪铎，2018），由于该评价数字为1~10，1代表地位最高，10代表地位最低，所以研究四对该指标进行反向处理。

6. 控制变量

根据已有文献，本书研究主要对以下变量进行控制，一是企业家年龄、性别，主要控制上述个人特征对企业家观念、思想的影响（朱沆等，2016）。二是工资水平和生活水平，与企业家幸福感指数显著正相关，对企业家创新能力的发挥具有积极作用（辛宇等，2014）。三是企业年龄，越长则表明企业成熟度高，表明企业在企业发展和市场运营中具有丰富的经验知识积累，生存能力强，被证明与创新活动有明显的相关关系（Yasuda，2005）。四是企业所在区域，由于中国各地区经济发展不均衡，当地政府对企业创业的扶持力度不同，所在地区的企业创新能力也存在显著差异，因此，需要加以控制。此外，研究四增加控制变量——市场化指数，进行稳健性检验。已有研究表明，市场化水平高的地区知识产权保护和创新政策支持更为有效，更有利于创新（陈凌和吴炳德，2014）。各控制变量测量方式如表 6 - 1 所示。

表 6 - 1　　　　　　　　　　　变量说明

变量	符号	问卷指标	变量设计
技术创新	innov	企业新增投资用于企业新产品研发的有多少万元	取对数
政治关系	pr	您现在是不是人大代表、政协委员：人大代表 = 1；政协委员 = 2；都不是 = 3	虚拟变量，若选择 1 或 2 则赋值为 1，否则为 0
关系投入	rc	企业公关、招待多少万元	虚拟变量，若有招待费用则赋值为 1，否则为 0
人力资本	thc	您的文化程度是：小学及以下 = 1；初中 = 2；高中、中专 = 3；大专 = 4；大学 = 5；研究生 = 6	虚拟变量，若选择 5 或 6 则赋值为 1，否则为 0
自信水平	con	同周围其他社会成员相比，您认为自己在下列经济地位阶梯上处在什么位置（1 ~ 10 分，1 代表最高，10 代表最低）	11 ~ 原始分数
年龄	age	您的出生年份是哪一年	问卷填写上一年减去所填年份
性别	gender	您的性别是：男 = 1；女 = 2	虚拟变量，选择 1 则赋值为 1，选择 2 则赋值为 0
生活水平	life	全家全年娱乐、保健费用约多少万元	取对数

续表

变量	符号	问卷指标	变量设计
工资水平	sal	您在本企业的年薪是多少万元	取对数
企业年龄	fage	您的企业在哪一年登记注册为私营企业	问卷填写上一年减去所填年份
企业区位	loc	按东部、中部、西部划分	东部、中部、西部分别赋值为1、2、3
市场化指数	mar	企业所在省份市场化指数，来自攀钢等	取问卷填写上一年所对应数值，其中 2008 年市场化指数对应 2008 年调查

6.3.3　模型设定

研究四采用的是截面数据，且因变量为连续变量，同时为避免异方差的影响，故采用 OLS + 稳健标准误进行估计。为了验证假设，研究四建立模型如下：

$$lninnov = \beta_0 + \beta_1 pr + \beta_2 age + \beta_3 gender + \beta_4 lnlife + \beta_5 lnsal$$
$$+ \beta_6 fage + \beta_7 loc + \varepsilon \tag{6-1}$$

$$lninnov = \beta_0 + \beta_1 rc + \beta_2 age + \beta_3 gender + \beta_4 lnlife + \beta_5 lnsal$$
$$+ \beta_6 fage + \beta_7 loc + \varepsilon \tag{6-2}$$

$$lninnov = \beta_0 + \beta_1 thc + \beta_2 age + \beta_3 gender + \beta_4 lnlife + \beta_5 lnsal$$
$$+ \beta_6 fage + \beta_7 loc + \varepsilon \tag{6-3}$$

$$lninnov = \beta_0 + \beta_1 conf + \beta_2 age + \beta_3 gender + \beta_4 lnlife + \beta_5 lnsal$$
$$+ \beta_6 fage + \beta_7 loc + \varepsilon \tag{6-4}$$

$$lninnov = \beta_0 + \beta_1 pr + \beta_2 rc + \beta_3 thc + \beta_4 conf + \beta_5 age + \beta_6 gender$$
$$+ \beta_7 lnlife + \beta_8 lnsal + \beta_9 fage + \beta_{10} loc + \varepsilon \tag{6-5}$$

其中，innov 表示技术创新，pr 表示政治关系，rc 表示关系投入，thc 表示国际人才的人力资本，conf 表示自信水平，age、gender、life、sal、fage、loc 分别表示年龄、性别、生活水平、工资水平、企业年龄和企业区位。为常数项，（i = 1，2，3……）表示回归系数，表示残差项。

6.4 实证结果与分析

6.4.1 描述性统计

描述性统计及相关性分析如表 6 - 2 所示，结果表明样本企业家的平均年龄为 43.02，企业平均年龄为 7.31；企业间技术创新（Mean = 3.80，SD = 2.05）、企业家自信水平（Mean = 5.67，SD = 1.86）均存在较大差异。相关性检验显示，政治关系（coef. = 0.304，p < 0.01）、人力资本（coef. = 0.198，p < 0.01）、自信水平（coef. = 0.272，p < 0.01）与技术创新分别显著正相关，由此可见，政治关系、人力资本与自信水平均有利于技术创新；关系投入与技术创新负相关但不显著。但简单相关分析并不能全面反映各变量的关系，需要进一步进行回归检验。在回归分析之前，研究四对所有变量进行了方差膨胀因子诊断，结果显示最大 VIF 值为 1.23，与 10 相比较小，因此多重共线性的影响较弱。同时，经过怀特检验发现，p 值均小于 0.1，说明存在异方差，因此，采用 OLS + 稳健标准误进行回归，以避免异方差的影响。

表6-2　描述性统计、相关性及多重共线性检测

变量	lninnov	pr	rc	thc	conf	age	gender	lnlife	lnsalary	fage	loc
lninnov	1.000										
pl	0.304***	1.000									
ir	-0.028	0.008	1.000								
hc	0.198***	0.024	0.019	1.000							
conf	0.272***	0.222***	0.079*	0.076*	1.000						
age	0.202***	0.235***	0.105***	-0.085**	0.205***	1.000					
gender	0.064	0.107***	0.063*	0.001	0.039	0.133***	1.000				
lnlife	-0.011	0.095**	0.127***	-0.142***	0.068	0.008	-0.016	1.000			
lnsal	0.423***	0.100**	0.165***	0.240***	0.350***	0.147***	0.049	-0.037	1.000		
fage	0.285***	0.309***	0.166***	-0.030	0.171***	0.406***	0.091**	0.004	0.220***	1.000	
loc	-0.266***	-0.068*	-0.025	-0.008	-0.061	-0.118***	-0.086**	-0.069*	-0.179***	-0.200***	1.000
Mean	3.80	0.38	0.89	0.37	5.67	43.02	0.81	5.28	2.33	7.31	1.44
SD	2.05	0.48	0.32	0.48	1.86	9.04	0.39	4.43	1.02	5.07	0.72
Min	-1.61	0	0	0	1	19	0	-2.30	0.00	0	1
Max	14.51	1	1	1	10	79	1	13.12	6.21	24	3
VIF		1.18	1.03	1.2	1.19	1.21	1.04	1.1	1.23	1.18	1.15

注：* p<0.1，** p<0.05，*** p<0.01。

6.4.2 回归分析与假设检验

根据以上分析，研究四采用 OLS + 稳健标准误进行回归，结果如表 6 - 3 所示。模型 1 为基准模型，仅有控制变量，企业家年龄（β = 0.0279，p < 0.1）、企业年龄（β = 0.0486，p < 0.1）均对技术创新产生显著正向影响，尤其是工资水平（β = 0.822，p < 0.01）正向影响更为显著；企业区位（β = - 0.355，p < 0.01）对技术创新具有显著负向影响，表明东部地区更有利于技术创新。在模型 1 的基础上，模型 2 ~ 模型 5 分别加入了四个自变量，结果表明政治关系（β = 0.736，p < 0.01）、人力资本（β = 0.975，p < 0.01）和自信水平（β = 0.210，p < 0.01）均对技术创新产生显著正向影响，表明企业家政治关系越强，人力资本和自信水平越高，越有利于技术创新。关系投入（β = - 0.923，p < 0.1）对技术创新具有显著负向影响，由此可见，关系投入越多，越不利于技术创新。在模型 1 的基础上，同时加入四个自变量，与模型 2 ~ 模型 5 相比，结果依然显著，表明结果具有稳健性。由此，假设 6 - 1、假设 6 - 2、假设 6 - 3、假设 6 - 4 均得到验证。

表 6 - 3   回归结果

变量	模型 1	模型 2	模型 3	模型 4	模型 5	模型 6
pr		0.736 *** (0.245)				0.492 ** (0.243)

续表

变量	模型1	模型2	模型3	模型4	模型5	模型6
rc			−0.923* (0.524)			−0.849* (0.481)
thc				0.975*** (0.249)		0.874*** (0.255)
conf					0.210*** (0.0675)	0.149** (0.0665)
age	0.0279* (0.0160)	0.0234 (0.0159)	0.0293* (0.0159)	0.0340** (0.0156)	0.0158 (0.0160)	0.0230 (0.0157)
gender	0.145 (0.385)	0.0581 (0.378)	0.151 (0.381)	0.244 (0.387)	0.107 (0.398)	0.156 (0.390)
lnlife	0.0275 (0.0287)	0.0221 (0.0279)	0.0294 (0.0284)	0.0484* (0.0276)	0.0323 (0.0287)	0.0485* (0.0280)
lnsal	0.822*** (0.138)	0.777*** (0.136)	0.849*** (0.137)	0.686*** (0.139)	0.762*** (0.140)	0.647*** (0.139)
fage	0.0486* (0.0270)	0.0367 (0.0260)	0.0489* (0.0265)	0.0553** (0.0264)	0.0473* (0.0270)	0.0457* (0.0253)
loc	−0.355* (0.180)	−0.318* (0.180)	−0.342* (0.178)	−0.412** (0.171)	−0.390** (0.182)	−0.390** (0.177)
常数项	0.245 (0.920)	0.360 (0.915)	0.949 (1.093)	−0.216 (0.894)	−0.277 (0.897)	0.186 (0.994)
N	207	207	207	207	201	201
R^2	0.286	0.319	0.299	0.336	0.319	0.386
F	12.63***	14.35***	12.42***	15.39***	16.76***	15.21***

注：* $p<0.1$，** $p<0.05$，*** $p<0.01$，括号内为稳健t值。

6.4.3 稳健性检验

为了确保研究结论的稳健性，除了以上分析外，研究四还采取以下两种方法进行稳健性检验：一是增加控制变量，即市场化指数，改变模型设定；二是采用新样本数据，主要采用 winsorization 方法对原来样本数据变量前后 1% 进行处理得到新的样本数据，同时也避免了极端值的影响如表 6－4 和表 6－5 所示，结果表明，除系数和显著性略微发生变化外，结果依然显著，其他未发生改变，由此说明了结果的稳健性。

表 6－4　　　　　　　　　　稳健性检验一

变量	模型 7	模型 8	模型 9	模型 10	模型 11	模型 12
pr		0. 734 *** (0. 244)				0. 488 ** (0. 240)
rc			− 0. 908 * (0. 516)			− 0. 839 * (0. 480)
thc				1. 041 *** (0. 248)		0. 948 *** (0. 252)
conf					0. 204 *** (0. 0672)	0. 140 ** (0. 0654)
age	0. 0288 * (0. 0157)	0. 0243 (0. 0155)	0. 0301 * (0. 0156)	0. 0354 ** (0. 0152)	0. 0168 (0. 0157)	0. 0248 (0. 0154)
gender	0. 117 (0. 383)	0. 0305 (0. 376)	0. 123 (0. 380)	0. 217 (0. 388)	0. 0706 (0. 397)	0. 120 (0. 392)

续表

变量	模型 7	模型 8	模型 9	模型 10	模型 11	模型 12
lnlife	0.0314 (0.0281)	0.0261 (0.0273)	0.0333 (0.0279)	0.0544 ** (0.0269)	0.0352 (0.0283)	0.0537 * (0.0273)
lnsal	0.770 *** (0.139)	0.725 *** (0.137)	0.797 *** (0.138)	0.615 *** (0.140)	0.717 *** (0.141)	0.583 *** (0.139)
fage	0.0383 (0.0269)	0.0265 (0.0257)	0.0387 (0.0263)	0.0435 * (0.0261)	0.0382 (0.0266)	0.0354 (0.0246)
loc	-0.0333 (0.206)	0.000699 (0.210)	-0.0245 (0.204)	-0.0369 (0.190)	-0.0959 (0.219)	-0.0431 (0.205)
sch	0.268 ** (0.131)	0.266 ** (0.124)	0.265 ** (0.129)	0.316 *** (0.120)	0.247 * (0.130)	0.294 ** (0.115)
常数项	-1.923 (1.260)	-1.794 (1.241)	-1.205 (1.348)	-2.801 ** (1.167)	-2.241 * (1.290)	-2.196 * (1.261)
N	207	207	207	207	201	201
R^2	0.304	0.336	0.315	0.360	0.334	0.406
F	11.22 ***	13.31 ***	11.05 ***	14.23 ***	14.99 ***	14.23 ***

注：* $p < 0.1$，** $p < 0.05$，*** $p < 0.01$，括号内为稳健 t 值。

表 6-5 　　　　　　　　　　　稳健性检验二

变量	模型 13	模型 14	模型 15	模型 16	模型 17	模型 18
pr		0.723 *** (0.244)				0.484 ** (0.241)
rc			-0.941 * (0.519)			-0.869 * (0.478)
thc				0.967 *** (0.248)		0.869 *** (0.254)

续表

变量	模型 13	模型 14	模型 15	模型 16	模型 17	模型 18
conf					0.201 *** (0.0663)	0.141 ** (0.0645)
age	0.0301 * (0.0157)	0.0255 (0.0156)	0.0315 ** (0.0156)	0.0358 ** (0.0154)	0.0183 (0.0157)	0.0253 (0.0154)
gender	0.139 (0.384)	0.0539 (0.378)	0.146 (0.381)	0.239 (0.387)	0.104 (0.398)	0.154 (0.390)
lnlife	0.0270 (0.0286)	0.0219 (0.0278)	0.0289 (0.0283)	0.0481 * (0.0276)	0.0315 (0.0285)	0.0483 * (0.0279)
lnsal	0.866 *** (0.123)	0.820 *** (0.120)	0.895 *** (0.121)	0.729 *** (0.124)	0.805 *** (0.129)	0.691 *** (0.125)
fage	0.0474 * (0.0272)	0.0357 (0.0262)	0.0476 * (0.0267)	0.0549 ** (0.0265)	0.0455 * (0.0273)	0.0450 * (0.0254)
loc	−0.349 * (0.179)	−0.313 * (0.179)	−0.335 * (0.178)	−0.403 ** (0.170)	−0.386 ** (0.181)	−0.384 ** (0.176)
常数项	0.0592 (0.882)	0.179 (0.875)	0.773 (1.062)	−0.397 (0.856)	−0.214 (0.877)	0.197 (0.977)
N	207	207	207	207	201	201
R^2	0.298	0.330	0.311	0.347	0.328	0.395
F	15.86 ***	17.61 ***	16.03 ***	18.01 ***	18.67 ***	16.91 ***

注：$* p < 0.1$，$** p < 0.05$，$*** p < 0.01$，括号内为稳健 t 值。

6.5 结果与讨论

国际人才来华工作面临着跨文化适应的问题，由前三个研究可知，国际人才受到文化差异程度、各类异域文化差异、地区关系文化的影响，而第 5 章研究表明地方政府可以从社会信任的角度着手，降低地区关系文化的束缚，来提高国际人才的区域技术创新水平。但作为个体，国际人才如何受到文化的影响，可以从哪些方面着手以提高个人技术创新水平还未得到体现。研究四基于 2008 年、2010 年、2012 年三年"中国私营企业调查"数据，以经济型国际人才为研究对象，构建截面数据模型，利用 OLS + 稳健标准误分析国际人才的政治关系、关系投入、人力资本、自信水平等对技术创新的影响，并进行稳健性检验，研究发现：

第一，国际人才政治关系对技术创新具有正向影响，而关系投入对技术创新产生负向影响。之所以与陈爽英等（2010）等学者的研究结果相反，除了通过政治关系外，国际人才可以获得投资融资、政策信息等资源的支持、构建信任关系、降低政治和行政管理的不确定性外，可能的原因还在于经济型国际人才在获得人大代表或政协委员的身份之前，企业市场竞争力比较强，得到行业认可，这种政治关系是获得政府认可的一种体现，即"经济决定政治"，因此会对技术创新产生正向影响。但并不是鼓励国际人才持续不断地进行政治关系的构建，这是由于政治关系的构建需要投入相应的资源，分散企业家注意力，导致市场反应迟钝，甚至寻租、贪腐，即关系投入会抑制企业创新投入与创新水平的提高，这印证了第 5 章的研究结果，即从关系构建和维护的角度出发，关系投入与关系文化均不利于技术创新。通过对比回归系数发现，相比政治关系，关系投入的影响更大。因此，需要结合关系投入辩证地看待政治关系对国际人才的影响，主要可以通过必要的规则对政治关系进行规范和约束（林泽炎，2015），以更好地优化资源配置效率、促进公平和市场竞争。

第二，国际人才人力资本、自信水平对技术创新具有正向影响，这与研究一、研究二、研究三相呼应，证实了作为高素质人才，国际人才拥有国际化视野、国际化能力、国际化经验，因此更易接受新鲜事物，勇于挑战，拥抱国际化，并能在国际企业运营中不断学习新知识和整合资源，以企业长期利益为导向，促进企业技术创新水平的提升。自信水平主要指国际人才财产和收入的多寡、对生产资源的支配和生产掌控权以及对地方或国家经济的影响等，表明国际人才对自我在经济发展中的认可程度，体现了决断性，与第 4 章中区域文化——恃强性的含义类似。国际人才自信水平与我国确立私营企业在市场经济中的地位以及私营企业对我国经济社会的贡献有密切关系。自信水平越高，对创新风险和创新失败的接受程度越高，更易冒险，同时由于创新活动的长期性和不确定性等而易忽略创新风险，从而有利于进行创新活动。与以往研究不同，研究四以自我评价指标代替财务指标来刻画国际人才自信水平，更能反映国际人才心理活动，丰富了已有研究内容。因此，对于国际人才而言，不仅需要注重自我人力资本的提升，还需要注重自信水平的提升，增强决断力，但也要防止盲目冒险。

6.6　本章小结

研究四基于三年"中国私营企业调查"数据，以经济型国际人才为研究对象，构建截面数据模型进行分析，结果发现：国际人才政治关系对技术创新具有正向影响，但是关系投入则对技术创新产生负向影响，印证了第5章的观点。可见，在发挥政治关系的积极作用时，还需要注意关系构建的成本。同时，研究四与前三个研究相互呼应，印证了作为高素质人才，国际人才对技术创新具有积极的作用，而且其自信水平对技术创新具有正向影响。研究四为国际人才的政治关系研究提供了新视角，同时丰富了企业家自信领域的研究内容。

第7章
结论与展望

■ 7.1 研究结论

人才跨国流动已经成为经济全球化的重要现象之一，作为一国经济发展与技术进步的重要力量，国际人才受到世界各国的重视。因此，导致全球人才争夺战越发激烈。作为东方大国，自改革开放以来，中国综合国力和国际影响力日益剧增，由此吸引了大量国际人才来华工作。国际人才带来了先进的技术、知识、理念，对中国的经济发展与技术进步作出重要的贡献，这种贡献于潜移默化中受到文化及其差异的影响。目前，已有学者对国际人才与技术创新的关系进行了研究，但大多是探讨国际人才的直接作用及与相关制度性因素的交互作用，较少从非制度因素的角度分析国际人才对技术创新的影响，仅有部分学者以外派人员为研究对象分析了国际人才的跨文化适应问题，可以作为借鉴。

因此，本书以国际人才为研究对象，基于文化差异视角较为系统地分析了国际人才对技术创新的影响。首先利用 Citespace 软件对国际人才领域的相关研究进行了可视化分析，寻求国际人才领域的研究热点，然后不断深化和拓展，逐步回答了以下问题：①国际人才对技术创新存在怎样的影响？技术转移是否在国际人才与技术创新之间起中介作用？文化距离（文化差异程度）在国际人才、技术转移、技术创新之间扮演什么样的角色？不同国家（地区）的国际人才受到的影响是否存在差异？②区域文化（GLOBE 文化维度）如何对国际人才与技术创新的关系产生影响？不同类型的国际人才和不同国家（地区）的国际人才受到各类文化维度的影响是否不同？③关系文化（中国特色文化之一）如何作用于国际人才与技术创新的关系？社会信任在其中扮演什么样的角色？④国际人才的政治关系、关系投入、人力资本以及自信水平对技术创新产生什么样的影响？基于文化差异视角，本书从文化距离（文化差异的程度）、区域文化（GLOBE 文化维度）、关系文化（中国特色文化之一）、政治关系（政商文化）四个方面实证检验了国际人才对技术创新的影响，具体结论如下：

（1）国际人才对技术创新具有显著正向影响，且技术转移具有部分中介作用，文化距离具有显著调节作用。研究一基于 2001 ~ 2015 年中国省（自治区、直辖市）级数据，构建了面板数据模型，通过 OLS - Robust 估计、工具变量法估计、稳健性检验，结果发现，一是国际人才对技术创新具有显著正向影响，通过研究二中人才分类研究可知，对于技术创新，文教型国际人才、经济型国际人才均具有显著正向影响，长期型国际人才部分具有显著正向影响，短期型国际人才影响不显著。二是技术转移在国际人才与技术创新之间具有部分中介作用，在一定程度上揭示了国际人才对技术创新影响的内在机制，弥补了以往研究较为注重国际人才的直接作用及国际人才与相关因素的交互作用研究的不足。三是通过对 15 个国家（地区）的研究发现，以工具变量估计结果为准，文化距离（韩国、中国香港地区）负向调节国际人才与技术转移的关系，而中国台湾地区具有显著正向调节作用。文化距离正向调节国际人才与技术创新的关系，英国、法国、俄罗斯、意大利、加拿大、美国、澳大利亚、日本、荷兰 9 国的分析均支持该结果；文化距离正向调节技术转移与技术创新的关系，英国、法国、俄罗斯、加拿大、美国、澳大利亚、新西兰、意大利、德国、荷兰、新加坡、日本、韩国和中国台湾在内的 14 国（地区）的分析均支持该结果。

（2）各文化维度对国际人才与技术创新具有显著调节作用。作为外来工作群体，国际人才受到与母国在文化方面存在较大差异的中国区域文化的影响。因文化具有多样性、差异性，为了较为全面地分析文化所起的作用，研究二基于 2004～2015 年中国省（自治区、直辖市）级数据，构建面板数据模型，利用 HTM 研究方法，检验了各文化维度对国际人才与技术创新之间关系的影响，研究发现，一是权力距离、人际关系导向均显著负向调节国际人才与技术创新之间的关系；不确定性规避、社会导向集体主义、恃强性三者均显著正向调节国际人才与技术创新之间的关系。二是通过人才分类研究发现，不确定性规避、权力距离、社会导向集体主义对国际人才与技术创新关系的调节最为稳定，恃强性次之，最后是人际关系导向。同时，未来导向（长期型国际人才、文教型国际人才）和性别平等（文教型国际人才）对国际人才与技术创新的关系起正向调节作用，绩效导向（文教型国际人才）起负向调节作用。三是通过13个国家（地区）的研究发现，不确定性规避（中国台湾、日本、韩国、英国等9国和地区）、社会导向集体主义（荷兰、加拿大、美国等8国和地区）、权力距离（中国台湾、法国、荷兰等7国和地区）对国际人才与技术创新关系的调节最为稳定，大部分国家都支持研究假设；恃强性（日本、英国等5国和地区）次之，最后是人际关系导向（美国）。同时，未来导向（韩国、英国、荷兰）和性别平等（法国、澳大利亚）对国际人才与技术创新的关系起正向调节作用；小团体集体主义（韩国）对国际人才与技术创新的关系起负向调节作用。

（3）关系文化与社会信任具有显著调节作用。作为来华工作的外来群体，国际人才必然会受到与其母国在文化方面存在差异的中国特色文化如关系文化的影响。为了突出中国特色文化的作用，有针对性地深化文化在国际人才与技术创新之间作用的研究，研究三基于2000～2010年中国省（自治区、直辖市）级相关数据，构建静态面板数据模型，采用固定效应模型检验、OLS＋面板矫正标准误差修正以及稳健性检验，研究发现，一是关系文化对技术创新有负向影响，同时负向调节国际人才与技术创新的关系，即关系文化越强，对国际人才的束缚力越强，迫使国际人才在该规则下构建关系，从而分散了国际人才的注意力，不利于国际人才与当地人进行交流与合作，弱化了国际人才对技术创新的影响。二是社会信任对技术创新有正向影响，并正向调节国际人才与技术创新的关系，即社会信任越强，越有利于资源交换、彼此合作、降低交易成本、营造良好创新氛围等，有助于增强国际人才对技术创新的积极影响。三是关系文化对技术创新具有负向影响，但加入社会信任后，关系文化对技术创新的负向影响减弱，且关系文化与社会信任的交互作用对技术创新产生正向影响。由此可见，社会信任有助于弱化关系文化对技术创新的负向影响，甚至这种负向影响会随着社会信任的增加而消失。

（4）国际人才政治关系、关系投入、人力资本、自信水平对技术创新具有显著影响。基于 2008 年、2010 年、2012 年三年"中国私营企业调查"数据，以经济型国际人才为研究对象，构建截面数据模型，利用 OLS+稳健标准误分析国际人才关系因素和个人特征对技术创新的影响，研究发现，一是国际人才政治关系对技术创新具有正向影响，而关系投入则相反，且关系投入的负向影响更大。由此可见，政治关系体现了政府对国际人才地位的认可，有利于获得更多稀缺资源和机会、行政保护等，从而对国际人才从事创新活动产生正向影响。但政治关系的构建需要相应的资源投入，增加企业成本支出、分散国际人才注意力，形成依赖性而导致对市场反应迟钝等，抑制技术创新。因此，需要通过合法渠道获得政治关系，并结合关系投入辩证地看待政治关系对国际人才的影响。二是国际人才人力资本对技术创新具有正向影响，这从微观层面上呼应了研究一、研究二、研究三，即作为高素质人力资本，国际人才容易接受新事物、机会识别和理解能力强、具有较强荣誉感，更易进行创新活动。三是国际人才自信水平对技术创新具有正向影响，主要从心理特征角度揭示了国际人才自信水平越高，越易接受新事物、低估创新风险、勇于挑战和冒险，从而进行更多的创新资源投入，对技术创新的影响也越大。

7.2 研究贡献

基于已有文献的分析，本书通过构建模型，基于文化差异视角实证检验了国际人才对技术创新的影响，可能的贡献在于以下几个方面：

（1）在一定程度上揭示了国际人才对技术创新影响的中介机制。已有研究主要讨论国际人才的现状、跨文化适应、来华工作动因、创业机会识别及对中国经济发展和技术进步的影响，还探索国际人才对技术创新影响所受到相关制度因素的限制，如人力资本水平、技术差距等，但并未揭示国际人才对技术创新影响的中介机制。研究一将技术转移纳入模型，通过 OLS – Robust 估计、工具变量法估计、稳健性检验等加以证实，技术转移具有部分中介作用，为国际人才领域的研究提供了新的视角。

（2）验证了文化距离的调节作用。已有研究虽然已经关注了外派领域的文化问题，但大多关注外派人员的跨文化适应，较少涉及创新、创造力等方面的内容，而宏观层面则大多注重"正式制度"层面的相关因素，忽略了文化距离这一因素。研究发现，文化距离分别正向调节国际人才与技术创新之间的关系和技术转移与技术创新之间的关系，并负向调节国际人才与技术转移的关系。因此，本书研究丰富了国际人才领域、技术创新前因领域、跨文化领域的研究内容。

（3）证实了各文化维度对国际人才与技术创新之间关系的影响。已有研究大多以霍夫斯泰德文化模型为基础，分析各文化维度或单个文化维度的影响，但忽略了该文化模型数据陈旧、样本代表性不足、忽略国家内部文化差异性等问题，而且大多研究基于国家层面，无法突出中国各地区文化的多样性以及文化之间的差异性特点。本书研究基于 GLOBE 文化模型，检验了九大文化维度对国际人才与技术创新关系具有显著调节作用，通过人才分类检验和分国家（地区）检验发现，各类人才和各国（地区）国际人才受到的影响存在差异，由此扩展了国际人才与技术创新领域的研究内容。

（4）探讨了关系文化对国际人才与技术创新关系的影响。已有学者从政治关系、商业关系、社区关系等分析了关系对资源获取、创新能力、经营绩效的影响，但较少涉及国际人才方面的研究。作为非正式制度，关系文化与儒家文化密切相关，在中国普遍存在且受到人们的普遍认可，对正式制度起到重要补充作用，但关系文化在管理学的实证研究还不足。本书研究从中国特色文化视角出发，研究发现关系文化对技术创新具有显著负向影响，且负向调节国际人才与技术创新的关系；同时，从社会资本角度出发，研究发现社会信任对关系文化的弱化作用，并有助于强化国际人才对技术创新的影响。因此，本书研究丰富了国际人才领域、社会资本领域、非正式制度领域的研究内容。

（5）分析了政治关系、关系投入以及国际人才个人特征（人力资本、自信水平）对技术创新的影响。已有学者检验了国际人才国内外网络的差异及作用，但对政治关系或国内网络的影响存在较大争议，而且未对其内在原因加以检验。以经济型国际人才为研究对象，本书研究证实了政治关系对技术创新具有正向影响，但关系构建需要付出相应的成本，即关系投入负向影响技术创新，由此在一定程度上揭示了其内在原因。同时，发现了国际人才个人特征（人力资本、自信水平）的积极作用，已有研究大多从财务指标的角度分析自信对上市公司管理者的影响，但较少从心理特征角度分析其对企业家的影响。因此，本书研究四为国际人才国内社会网络的研究提供了新的视角，并且丰富了自信领域的研究内容。

7.3　实践启示

7.3.1　引才与育才策略

1. 加大国际人才引进

由以上实证分析可知，国际人才对中国技术转移、技术创新具有积极作用。由于近些年来，我国对国际人才的重视，国内国际人才数量大幅度增加，但发达国家外国人口占比平均水平和世界外国人口占比平均水平分别为 10% 和 3.3%，人口大国印度外国人口占比也达到 0.4%，而我国外国人口仅占 0.06%[①]。因此，在我国经济新常态和人口红利消失的背景下，为了推进我国创新型国家建

---

① 王辉耀、苗绿：《中国海归发展报告（2013）》，社会科学文献出版社 2014 年版。

设，必须注重国际人才引进。具体而言：

第一，构建规范化人才管理体系。中国移民局的成立，为移民统筹协调管理创造了条件。在此基础上，可以构建系统化的人才管理体系，包括引进、选拔、评估等招聘机制，针对不同人才类型制定涉及签证、永久居留、中国国籍等一系列政策体系，对国际人才的引进、工作、居留、移民进行规范化管理。

第二，建设国际人才引进平台。良好的人才移民体系还需要畅通的渠道和平台予以支持，人才引进平台可以承担吸引国际人才来华工作、生活、创业、投资的职能，涉及亚洲、欧洲、美洲等区域，形成覆盖全球的引才引智网络。同时，借助于互联网优势，构建海外人才资源共享平台，建立海外人才数据库，以便掌握国际人才资源分布情况；推动中国国际人才交流协会海外联络点的建设，加强与国内各省份国际人才协会的交流与合作，依托于当地产业、项目，分类别、分层次引进人才，如上海、浙江等应更注重创新创业型国际人才的引进，贵州更倾向于围绕生态环境、生物多样性等领域的国际人才引进等，避免资源浪费，促进国际人才合理引进、配置。

第三，注重各类型人才的引进。由以上研究发现，相比短期类国际人才，长期类国际人才对技术创新的影响更显著；相比文化类国际人才，经济类国际人才对技术创新的影响更大。因此，应重视长期型国际人才的引进，主要在于永久居留、中国绿卡、移民中国等问题的解决，避免相关证件烦琐的申请、繁多的材料、多部门的跑动、模糊的流程等，提高政策透明度和开放度，提供高效、高水平的服务。当然，短期型国际人才不容忽视，主要有利于人才跨文化交流与合作、多样化文化氛围形成，同时有利于先进知识、技能的转移，是来华工作长期类国际人才的储备。对于短期型国际人才，要树立"不求所有，但求所用"的人才理念，从政策、服务等角度积极促进人才环流，为其提供便捷的签证方式。相比文化型国际人才，经济型国际人才作用更为直接，但是文化型国际人才影响更为深远，对我国国际人才的培养、基础创新的提升、文化的繁荣影响更大。因此，需要注重两类人才的平衡，既追求短期受益，更要注重长远未来。

2. 加强国际人才培养

第一，提高国内人才国际化培养水平。国际化人才是具有国际化视野、国际化意识、国际化能力、国际化经验的人，因此，国际化人才的培养可以从以下方面着手：一是借鉴新加坡等国家的经验，采取与世界一流高校联合办学或者支持其在华成立分支机构的模式，以便起点更高、速度更快地培养人才，快速提高教育国际化程度，同时间接成为引进国际人才的基地。二是提高国内高校国际化水平，以人才国际化培养为目标，建立完善的人才国际化教学体系，与发达国家构建不同层次的校际交流关系，推动本、硕、博等联合培养，促进在校生出国留学、学术交流、考查；吸引短期国际学者、教师来华任教，如对外经济贸易大学暑期学校教育，促进了学生与国际前沿面对面的交流，拓宽了学生国际化视野；与国际组织、企业联合，为学生创造到国际机构任职或挂职锻炼的机会，以获得相应的工作经历和经验。对于不具有相应能力的高校，可以促进高校联盟，构建资源共享平台，使得不同地区的学校、不同学生均可以获得相应的国际化教育机会。

第二，推动来华留学生在华学习和工作。由以上可知，来华留学生在华学习和工作可以促进信息与资源的流通、信任网络的构建、国内外网络的形成，促进国际贸易发展和经济增长，而且能够促进中国文化多样性，有利于创新氛围的形成，同时通过层层选拔出的优秀来华留学生可以作为中国国际人才的储备资源。因此，需将吸引外国学生作为中国移民局的重要工作之一，一方面进一步提高外国学生来华学习的支持力度，尤其是针对"一带一路"沿线国家外国学生，提供奖学金、良好的居住环境等，提高外国学生来华逐梦意愿；另一方面加大外国留学生在华工作制度开放力度，虽然我国已经于2017年制定实施了外国留学生在华工作制度，但要求达到硕士及以上学位，而且需要毕业一年以内的，根据2017年《中国教育统计年鉴》可知，2016年外国留学生硕士及以上学位仅占学历生的35.4%，大部分本专科学历留学生被排除在外，因此，可以进一步放开在华学习较长的本专科学历的留学生在华工作。由此，将人才培养与人才留用结合，加大外国留学生在华工作的意愿，形成良性循环。

7.3.2 文化环境改善策略

国际人才对技术创新的作用受到文化距离、区域文化及关系文化的影响，一方面文化距离具有积极作用，文化距离能够正向调节国际人才与技术创新、技术转移与技术创新的关系，社会导向集体主义、不确定性规避、恃强性、未来导向、性别平等具有正向调节作用；另一方面区域各类文化具有消极的作用，其消极作用更多地体现在不同文化类型性，例如，权力距离、人际关系导向、绩效导向、小团体集体主义具有负向调节作用。同时，作为中国特色文化之一，关系文化对国际人才具有很强的束缚作用，对国际人才创新能力的发挥具有负向影响。由于文化具有多层次性，其中内部核心价值观具有很强的稳定性，几乎难以改变；中间文化则涉及文化习俗和制度层面，能够缓慢变化；而表层的文化易变化（赵向阳等，2015）。目前，国家已经在实施相应的政策，引导良好社会风气的形成，如中共中央提出的"八项规定"和党的十八大提出的"社会主义核心价值观"，净化了关系文化等环境，有利于良好社会习俗的形成，所以应继续加以倡导。为了进一步提高文化的积极作用，国家及地方政府可以从以下方面着手：

第一，树立文化自信，倡导优良的文化传统。中国文化源远流长，既有"自强不息""革故鼎新""公而忘私"等传统文化，又有长征精神与航天精神等具有与时俱进、民族特色的社会主义先进文化。这些文化不仅有利于促进我国经济发展和技术进步，还对国际人才产生积极影响。实证表明，社会导向集体主义、不确定性规避、恃强性、未来导向、性别平等均发挥着积极的作用，而且社会导向集体主义、不确定性规避、恃强性的影响具有较强的稳定性。因此，要区分爱国主义、民族主义与家族主义、地方主义，不能完全否定集体主义的作用，更不能全盘接收西方类型的文化，夸大个人主义和低不确定规避的作用。同时，对于不同国家（地区）的人才，中国文化的影响程度不同，应分国别（地区）引进人才，比如可以大力引进英国、德国、美国等国家人才，原因在于这些国家的人才大多受到不确定性规避、社会导向集体主义的正向影响，而较少受到权力距离的负向影响。

第二，去除文化中的糟粕。人际关系导向文化、小团体集体主义、关系文化均体现了中国特色的关系文化特点，实证表明人际关系导向文化、小团体集体主义、关系文化均不利于国际人才对技术创新的影响。作为来自异域他国的国际人才，除了价值观念、思维习惯等存在冲突外，面对基于血缘、亲友、同乡等形成的小团体，国际人才很难融入。关系文化与以遵循个人主义和契约精神的国际人才观念不符，但关系文化具有很强的束缚作用，不利于国际人才技术创新能力的发挥。因此，必须正视关系文化不利影响，正确引导行业风气和隐性商业规则，改善政商关系，营造良好的商业环境。此外，中国权力距离比较大，具有显著的消极影响，应倡导尽其才、尽其能，调动人才的积极性。

第三，促进多元文化融合。由于文化差异有利于多元文化的碰撞、创新性思维的形成，对技术创新具有积极作用。中国应继续推动"和而不同"的理念，以本土文化为基础，从异域文化、移民文化等文化中取长补短、兼收并蓄，打造包容、开放、多元的人文环境，汇聚世界各地艺术、科技、设计等高端文化要素，从而形成具有独特魅力的多元文化体系。具体而言，较为直接的方式在于促进人员的交流，促进人才跨国流动，包括移民、旅游、学习、工作、商业合作等，这依赖于良好的生活环境、营商环境、旅游环境等。通过人员跨国交流有利于双方感受中外文化的差异，进而相互吸引、了解，促进文化的相互影响与融合。此外，还可以通过间接方式，如研究中发现技术转移的方式——进口贸易有利于技术创新，主要原因在于文化差异的存在有助于多样化商品或服务的生产，促进互补性贸易，异域文化的商品或服务与本土商品或服务具有差异性，其中蕴含的文化、工艺，激发了本土人员的好奇心和探知欲望，有利于中国人员进行模仿、学习、吸收以及创新性想法的产生。

第四，提高社会信任水平。研究表明，社会信任对技术创新的正向影响很大，而且有利于弱化关系、文化对技术创新的负向影响，强化国际人才对技术创新的正向影响。因此，必须重视对社会信任体系的建设。但当前我国还存在一定程度的信任危机，除了政府层面公信力有待提高外，经济层面和社会层面的欺诈、诈骗等事件频发，尤其是互联网背景下，网络信任危机更易发生。因此，需要提高社会信任水平，这与民主法治密切相关，具体而言，需以公正、法治为导向，完善法律法规，通过提高失信成本，严厉打击金融欺诈、网络敲诈等，如加强对"老赖"的惩戒力度和建立信用排行榜，具有很好的示范作用，有助于诚实守信风尚的形成。同时，建立信用档案，提高诚信收益，奖励守信的企业和个人，引导社会风气，以提高社会信任水平。

7.3.3　人才自我完善策略

作为个人，国际人才的政治关系、个人特征等对技术创新具有显著影响，其中政治关系、人力资本、自信水平具有积极影响，而关系投入具有消极影响。因此，作为国际人才，为提高技术创新水平，具体可以采取以下措施：

第一，合法构建政治关系，避免过度关系投入而形成依赖。政治关系虽然具有一定价值，比如有利于资源获取、商业机会、行政保护等，但也可能增加企业成本、治理风险和受到政治束缚、市场反应迟钝等。因此，国际人才应自觉培育良好的社会文化，抵制不良风气，如应通过正当手段获取政治关系，如人大代表或政协委员，更多的是由于企业市场竞争能力强而获得政府的一种认可。但政治关系的获得并不代表要加大关系投入，形成依赖，进而获得更多资源支持，打破市场公平，而是应该更多反映其他企业家意见，促进行业规范发展。否则，过多地依赖政治关系，将转移了国际人才的注意力，忽略了长远发展和未来收益，容易错失企业规范化、技术化发展的机遇期，不利于企业长期发展。

第二，提升自信水平，但防止过度自信。自信水平体现了国际人才对自我能力、经验、知识、地位的认可程度以及对未来的把握程度，实证表明，自信水平越高，越有利于创新投入。因此，作为国际人才，应提升自信水平。除了国家和地方政府加强对私营企业的重视程度，国际人才本人还需要提升自我能力、知识、技能，才能更好地应用分析—战略思维对未来加以预测，对自信水平的提升也更为有利。但由于国际人才精力和能力的有限，面对复杂的和不确定的市场环境，一旦国际人才过度自信，将有可能造成较大的损失。因此，国际人才可以成立智囊团队，在集众多人才分析结果的基础上，加以统筹决策，以避免自信水平过高所导致的决策失误。

第三，提高人力资本水平。实证表明，国际人才人力资本对技术创新具有显著正向作用。由于国际人才的国际化意识、国际化能力较强，对国际市场环境较为熟悉，且作为企业家，控制了企业较多的资源，决策权力大，对企业的影响更大。但是在我国经济新常态背景下，经济增长放缓、经济结构优化，整体发展转向创新驱动，尤其是全球市场的快速变化，对国际人才市场反应能力、创新能力提出更高的要求。因此，国际人才需要始终保持终身学习的意识，不断提升自我能力和经验。

7.4 研究不足与展望

7.4.1 研究不足

本书通过四个研究，不断深入与拓展，分析了文化距离（文化差异程度）、区域文化（GLOBE 文化维度）、关系文化（中国特色文化之一）对国际人才与技术创新关系的影响，但受限于数据的可得性和本人能力、精力的有限性，可能还存在以下不足，需要未来研究进一步完善和深化：

（1）指标测量上，限于数据的可得性，本书中对文化距离的测量基于 GLOBE 文化习俗问卷测量的结果，是社会"事实上是按照什么原则"运行的，反映的是实际行为标准，更能真实地反映了人们的社会心理和行为，与组织管理实践更为密切。但 GLOBE 文化价值观则体现了社会中人们期望应该按照什么样的标准或理念运作，是否会对国际人才价值观念的影响更大，还有待探讨。

（2）中国代表性文化还有待进一步深入。本书中之所以选择关系文化作为中国特色文化之一进行分析，是因为关系文化是儒家文化的重要成分，其中"仁""礼"分别是关系文化的核心与手段，强调人际交往中以仁爱、和谐为准则，以宗亲血缘为核心并扩散到同乡、同窗、朋友而构成亲疏有别的关系网络。关系文化深入中国社会方方面面，对中国社会、经济影响深远，但关系文化并不能完全代表儒家文化等中国文化，如果能对此进行深入研究，具有较强的意义。由于数据的可得性，暂未对此进行分析。

7.4.2 研究展望

在本书研究的基础上，发现以下未来可能值得研究的问题，具体而言有以下几个方面：

（1）人才环流的相关研究。由以上文献分析可知，人才跨国流动已发展到人才环流阶段，其中存在部分国际人才频繁往来的现象。因此，可以对人才环流的现状、动因、跨文化适应以及与经济发展、技术进步的关系及其内在机制等进行系统分析，以更好推动人才环流。

（2）中国特色文化的深入研究。儒家文化等已经深入中国人生活、工作的方方面面，汇丰银行等机构和相关学者已经总结了一定的规律，但还略显不足，可以针对长期在中国生活的国际人才，进行问卷调研，深入探讨中国特色文化对其工作适应、生活适应、互动适应的影响，寻求内在机制，总结经验，为来华工作的境外人员提供参考。

（3）分维度文化距离研究。GLOBE 文化模型包含绩效导向、恃强性等九大维度，本书中从整体上测量了文化距离，以各维度体现国际人才受到与母国文化存在差异的中国各文化维度与中国特色文化的影响，但并未进行各国家（地区）与中国各省份文化维度的距离测量和分析。因此，通过各维度文化距离的分析，可能得出不一样的结论。

参 考 文 献

［1］艾永芳、佟孟华、孙光林：《文化差异、制度环境和科技创新——基于跨国视角的比较分析》，载《经济问题探索》2017年第12期。

［2］陈春花、王杏珊：《全球工作经验对员工创造力的影响机制：一个模型的构建》，载《中国人力资源开发》2015年第21期。

［3］陈代还、段异兵、潘紫燕：《二元关系网络对海归科学家产出的影响——以中国"青年千人计划"为例》，载《中国科技论坛》2015年第9期。

［4］陈健、柳卸林、邱姝敏，等：《海归创业的外来者劣势和知识资本的调节作用》，载《科学学研究》2017年第9期。

［5］陈丽丽、龚静：《区域服务贸易协定、制度因素与服务贸易促进体系研究——基于49国之间双边服务贸易流量面板数据的实证分析》，载《国际贸易问题》2014年第11期。

［6］陈凌、吴炳德：《市场化水平、教育程度和家族企业研发投资》，载《科研管理》2014年第7期。

［7］陈强：《高级计量经济学及Stata应用》，高等教育出版社

2014 年版。

[8] 陈爽英、井润田、廖开容:《社会资本、公司治理对研发投资强度影响——基于中国民营企业的实证》,载《科学学研究》2012 年第 6 期。

[9] 陈爽英、井润田、龙小宁,等:《民营企业家社会关系资本对研发投资决策影响的实证研究》,载《管理世界》2010 年第 1 期。

[10] 陈晓珊、刘洪铎:《私营企业家自信与薪酬——业绩敏感性:促进还是抑制?》,载《江苏社会科学》2018 年第 2 期。

[11] 陈怡安:《腐败如何影响海归知识溢出效应?》,载《南开经济研究》2018 年第 2 期。

[12] 陈怡安:《金融发展与海归回流的知识溢出效应关系实证》,载《科研管理》2016 年第 6 期。

[13] 陈永伟:《文化差异对省际贸易的影响及其作用机制研究——基于姓氏距离的考察》,载《经济学报》2016 年第 3 期。

[14] 陈云松、边燕杰:《饮食社交对政治信任的侵蚀及差异分析:关系资本的"副作用"》,载《社会》2015 年第 1 期。

[15] 程兆谦、王世良:《跨国并购中文化差异的作用机制——基于 GLOBE 的案例研究》,载《管理案例研究与评论》2015 年第 5 期。

[16] 崔新健、郭子枫、常燕:《跨国技术转移和扩散与国家创新能力的协整及因果关系检验》,载《中国科技论坛》2014 年第 4 期。

[17] 戴长征、王海滨:《国际人才流动与人才安全问题》,载《经济社会体制比较》2009 年第 6 期。

[18] 丁进:《人才概念的发展和"国际化人才"的定义》,引自《2010领导人才论坛暨中国党政与国企领导人才素质标准与开发战略研讨会论文选集》2010年版。

[19] 董洁林:《"天生全球化"创业模式探讨:基于"千人计划"海归高科技创业的多案例研究》,载《中国软科学》2013年第4期。

[20] 董雅丽:《中西"关系"文化的历史探源与比较》,载《兰州大学学报》2006年第6期。

[21] 樊纲、王小鲁、朱恒鹏:《中国市场化指数——各地区市场化相对进程2011年报告》,经济科学出版社2011年版。

[22] 范兆斌:《海归的动态技术转移效应:来自民营上市公司的证据》,载《国际经贸探索》2015年第9期。

[23] 范兆斌、张若晗:《国际移民网络与贸易二元边际:来自中国的证据》,载《国际商务(对外经济贸易大学学报)》2016年第5期。

[24] 费孝通:《乡土中国》,上海人民出版社2007年版。

[25] 傅家骥:《技术创新学》,清华大学出版社1998年版。

[26] 高文书:《引进国外人才对中国经济增长影响的实证研究》,载《云南财经大学学报》2011年第5期。

[27] 郭爱丽、翁立平、顾力行:《国外跨文化价值观理论发展评述》,载《国外社会科学》2016年第6期。

[28] 郭龙、付泳:《人力资本理论问题研究》,电子科技大学出版社2014年版。

[29] 何晓斌、蒋君洁、杨治等:《新创企业家应做"外交家"

吗？——新创企业家的社交活动对企业绩效的影响》，载《管理世界》2013 年第 6 期。

［30］侯佳薇、柳卸林、陈健：《海归创业网络、资源获取与企业绩效的关系研究》，载《科学学与科学技术管理》2018 年第 1 期。

［31］黄光国：《全球化与本土化：论心理学本土化的意涵》，载《阴山学刊》2010 年第 1 期。

［32］黄海刚：《从人才流失到人才环流：国际高水平人才流动的转换》，载《高等教育研究》2017 年第 1 期。

［33］黄玖立、李坤望：《吃喝、腐败与企业订单》，载《经济研究》2013 年第 6 期。

［34］吉尔特·霍夫斯泰德，格特·扬·霍夫斯泰德：《文化与组织》，李原、孙健译，中国人民大学出版社 2010 年版。

［35］蒋艳辉、曾倩芳、冯楚建，等：《非高管型海归、本土科技人才与企业突破性创新——来自中小型高新技术企业的经验证据》，载《中国软科学》2018 年第 2 期。

［36］金耀基：《关系和网络的建构：一个社会学的诠释》，引自金耀基主编《金耀基自选集》，上海教育出版社 2002 年版。

［37］阚大学、罗良文：《文化差异与我国对外贸易流量的实证研究——基于贸易引力模型》，载《中央财经大学学报》2011 年第 7 期。

［38］李春浩、牛雄鹰：《国际人才流入、社会资本对创新效率的影响》，载《科技进步与对策》2018 年第 15 期。

［39］李新春、叶文平、朱沆：《牢笼的束缚与抗争：地区关

系文化与创业企业的关系战略》，载《管理世界》2016 年第 10 期。

[40] 李卉、汪群：《外派人员文化智力对外派绩效的影响研究——基于中国"走出去"企业的实证》，载《预测》2018 年第 2 期。

[41] 李金龙、熊伟：《社会资本、制度与区域技术创新关系的实证研究》，载《科学管理研究》2012 年第 2 期。

[42] 李琳、郭立宏：《文化距离、文化严格程度与跨国知识溢出》，载《科学学研究》2018 年第 6 期。

[43] 李平、姜丽：《贸易自由化、中间品进口与中国技术创新——1998—2012 年省级面板数据的实证研究》，载《国际贸易问题》2015 年第 7 期。

[44] 李平、许家云：《国际智力回流的技术扩散效应研究——基于中国地区差异及门槛回归的实证分析》，载《经济学（季刊）》2011 年第 3 期。

[45] 李平、许家云：《金融市场发展、海归与技术扩散：基于中国海归创办新企业视角的分析》，载《南开管理评论》2011 年第 2 期。

[46] 李平、张玉：《国际智力回流对中国产业结构升级影响的实证研究》，载《科学学与科学技术管理》2012 年第 12 期。

[47] 李晓梅：《社会信任与文化价值观对于国家创新绩效的作用研究——基于 65 个样本国家的实证研究》，载《科学学与科学技术管理》2013 年第 8 期。

[48] 李雪灵、申佳：《关系质量量表开发与验证：基于本土研究视角》，载《科研管理》2017 年第 11 期。

［49］李艺雯:《谁又上了"引才引智中国城市榜"？2017"魅力中国——外籍人才眼中最具吸引力的中国城市"评选结果发布》，载《国际人才交流》2018 年第 5 期。

［50］林慧婷、王茂林:《管理者过度自信、创新新投入与企业价值》，载《经济管理》2014 年第 11 期。

［51］林泽炎:《政商关系需要规则维系（上）》，载《中华工商时报》2015 年 3 月 24 日。

［52］刘柏、郭书妍:《董事会人力资本及其异质性与公司绩效》，载《管理科学》2017 年第 3 期。

［53］刘畅:《国际技术转移、"海归"人才与本土企业技术创新》，载《中国商论》2015 年第 27 期。

［54］刘洪铎、李文宇、陈和:《文化交融如何影响中国与"一带一路"沿线国家的双边贸易往来——基于 1995—2013 年微观贸易数据的实证检验》，载《国际贸易问题》2016 年第 2 期。

［55］刘锦、叶云龙、李晓楠:《地区关系文化与企业创新——来自中国内地 120 个城市的证据》，载《科技进步与对策》2018 年第 7 期。

［56］刘力钢、董莹:《大数据情境下民营企业政治关联、跨界搜寻与技术创新》，载《吉首大学学报（社会科学版)》2018 年第 6 期。

［57］刘林青、梅诗晔:《管理学中的关系研究：基于 SSCI 数据库的文献综述》，载《管理学报》2016 年第 4 期。

［58］刘青、张超、吕若思，等:《"海归"创业经营业绩是否更优：来自中国民营企业的证据》，载《世界经济》2013 年第

12 期。

[59] 逯进、周惠民：《人力资本理论：回顾、争议与评述》，载《西北人口》2012 年第 5 期。

[60] 罗思平、于永达：《国际技术转移、本土创新与技术进步——基于中国光伏、风电设备制造业的实证研究（2000—2011年)》，载《公共管理评论》2013 年第 1 期。

[61] 罗思平、于永达：《技术转移、"海归"与企业技术创新——基于中国光伏产业的实证研究》，载《管理世界》2012 年第 11 期。

[62] 罗肖依、孙黎：《生生不息：破解绩效导向的悖论》，载《外国经济与管理》2019 年第 5 期。

[63] 罗勇、曾涛：《我国中间品进口商品结构对技术创新的影响》，载《国际贸易问题》2017 年第 9 期。

[64] 骆新华：《技术转移：理论与政策述评》，载《科技进步与对策》2006 年第 3 期。

[65] 蒙英华、黄建忠：《信息成本与国际贸易：亚洲华商网络与 ICT 对中国对外贸易影响的面板数据分析》，载《南开经济研究》2008 年第 1 期。

[66] 宁静、井润田：《CEO 特征、R&D 强度以及外部环境关系的实证研究》，载《科研管理》2009 年第 5 期。

[67] 牛雄鹰、李春浩、张芮：《国际人才流入、人力资本对创新效率的影响——基于随机前沿模型的研究》，载《人口与经济》2018 年第 6 期。

[68] 潘越、肖金利、戴亦一：《文化多样性与企业创新：基

于方言视角的研究》，载《金融研究》2017 年第 10 期。

[69] 彭伟、符正平：《基于扎根理论的海归创业行为过程研究——来自国家"千人计划"创业人才的考察》，载《科学学研究》2015 年第 12 期。

[70] 彭伟、朱晴雯、符正平：《双重网络嵌入均衡对海归创业企业绩效的影响》，载《科学学研究》2017 年第 9 期。

[71] 綦建红、李丽、杨丽：《中国 OFDI 的区位选择：基于文化距离的门槛效应与检验》，载《国际贸易问题》2012 年第 12 期。

[72] 秦佳良、周焯华、刘程军：《国家（地区）文化对创新的影响研究》，载《科学学研究》2015 年第 4 期。

[73] 曲如晓、曾燕萍：《文化多样性影响中国文化产品贸易的实证研究——基于面板 VAR 模型的分析》，载《首都师范大学学报（社会科学版）》2015 年第 4 期。

[74] 宋一淼、李卓、杨昊龙：《文化距离、空间距离哪个更重要——文化差异对于中国对外贸易影响的研究》，载《宏观经济研究》2015 年第 9 期。

[75] 孙文松、唐齐鸣、董汝婷：《知识溢出对中国本土高新技术企业创新绩效的影响——基于国际创新型人才流动的视角》，载《技术经济》2012 年第 12 期。

[76] 孙永强、万玉琳：《金融发展、对外开放与城乡居民收入差距——基于 1978～2008 年省际面板数据的实证分析》，载《金融研究》2011 年第 1 期。

[77] 孙早、刘坤：《海归人才促进还是抑制了本土人才水平的提高？——来自中国高等学校的经验证据》，载《经济科学》

2014 年第 1 期。

[78] 田晖、蒋辰春:《国家文化距离对中国对外贸易的影响——基于 31 个国家和地区贸易数据的引力模型分析》,载《国际贸易问题》2012 年第 3 期。

[79] 田宇、杨艳玲:《贫困地区新创企业创业者关系网络对其组织合法性的影响机制研究》,载《管理学报》2017 年第 2 期。

[80] 万伦来、高翔:《文化、地理与制度三重距离对中国进出口贸易的影响——来自 32 个国家和地区进出口贸易的经验数据》,载《国际经贸探索》2014 年第 5 期。

[81] 王公为、彭纪生:《国际多元化与母公司创新能力研究——基于制度距离的调节效应》,载《科技进步与对策》2014 年第 19 期。

[82] 王国保:《中国文化因素对知识共享、员工创造力的影响研究》,浙江大学博士学位论文 2010 年。

[83] 王洪涛:《文化差异是影响中国创意产品出口的阻碍因素吗——基于中国创意产品出口 35 个国家和地区的面板数据检验》,载《国际经贸探索》2014 年第 10 期。

[84] 王华、赖明勇、柒江艺:《国际技术转移、异质性与中国企业技术创新研究》,载《管理世界》2010 年第 12 期。

[85] 王清平、何超超:《中国对外贸易与投资对国内技术创新的影响维度——基于省际面板数据的实证检验》,载《河南师范大学学报(哲学社会科学版)》2018 年第 4 期。

[86] 王通讯:《人才国际化论纲》,载《行政与法》2007 年第 1 期。

[87] 王伟娇：《制造企业服务化与企业绩效的关系——基于面板数据的实证研究》，浙江大学博士学位论文 2018 年。

[88] 王学秀：《文化传统与中国企业管理价值观》，中国经济出版社 2007 年版。

[89] 王泽宇、王国锋、井润田：《基于外派学者的文化智力、文化新颖性与跨文化适应研究》，载《管理学报》2013 年第 3 期。

[90] 魏浩、陈开军：《国际人才流入对中国出口贸易影响的实证分析》，载《中国人口科学》2015 年第 4 期。

[91] 魏浩、王宸、毛日昇：《国际间人才流动及其影响因素的实证分析》，载《管理世界》2012 年第 1 期。

[92] 魏浩、袁然：《国际人才流入与中国进口贸易发展》，载《世界经济与政治论坛》2017 年第 1 期。

[93] 魏下海、董志强、刘愿：《政治关系、制度环境与劳动收入份额——基于全国民营企业调查数据的实证研究》，载《管理世界》2013 年第 5 期。

[94] 温忠麟、叶宝娟：《中介效应分析：方法和模型发展》，载《心理科学进展》2014 年第 5 期。

[95] 吴从环：《入世视角中的上海人才国际化研究》，载《人口与经济》2002 年第 6 期。

[96] 吴海燕、蔡建峰：《文化差异对跨文化商务合作的影响研究》，载《科技管理研究》2013 年第 21 期。

[97] 项保华、许庆瑞：《试论制订技术创新政策的理论基础》，载《数量经济技术经济研究》1989 年第 7 期。

[98] 谢建国、周露昭：《进口贸易、吸收能力与国际 R&D 技

术溢出：中国省区面板数据的研究》，载《世界经济》2009 年第 9 期。

［99］辛杰、兰鹏璐、李波：《企业家文化价值观的双元影响效应研究——以企业家精神为中介》，载《中央财经大学学报》2017 年第 4 期。

［100］辛宇、徐莉萍、李新春：《制度评价、持股水平与民营企业家的幸福感》，载《南开管理评论》2014 年第 1 期。

［101］邢孝兵、徐洁香、王阳：《进口贸易的技术创新效应：抑制还是促进》，载《国际贸易问题》2018 年第 6 期。

［102］徐国兴、贾中华：《科技成果转化和技术转移的比较及其政策含义》，载《中国发展》2010 年第 3 期。

［103］徐细雄、朱红艳、淦未宇，等：《"海归"高管回流与企业社会责任绩效改善——基于文化趋同视角的实证研究》，载《外国经济与管理》2018 年第 5 期。

［104］徐笑君：《外派人员跨文化沟通能力对工作绩效的影响研究：专业知识学习的中介效应》，载《研究与发展管理》2016 年第 4 期。

［105］许家云：《海归与企业出口行为：来自中国的微观证据》，载《金融研究》2018 年第 2 期。

［106］许家云、李淑云：《基于 CES 生产函数模型的海外人才回流问题研究》，载《中国科技论坛》2012 年第 12 期。

［107］许家云、李淑云、李平：《制度质量、制度距离与中国智力回流动机》，载《科学学研究》2013 年第 3 期。

［108］颜克高、井荣娟：《制度环境对社会捐赠水平的影

响——基于 2001—2013 年省际数据研究》，载《南开经济研究》
2016 年第 6 期。

［109］杨河清、陈怡安：《海归回流：知识溢出及门槛效
应——基于中国的实证检验》，载《人口研究》2013 年第 5 期。

［110］杨河清、陈怡安：《海外高层次人才引进政策实施效果
评价——以中央"千人计划"为例》，载《科技进步与对策》2013
年第 16 期。

［111］杨河清、陈怡安：《中国海外智力回流影响动因的实证
研究——基于动态面板模型的经验分析》，载《经济经纬》2013 年
第 3 期。

［112］杨洪涛、石春生、姜莹：《"关系"文化对创业供应链
合作关系稳定性影响的实证研究》，载《管理评论》2011 年第
4 期。

［113］杨皖苏、杨善林：《基于社会环境信任度调节效应的中
西方企业价值观念、推崇策略与企业绩效关系研究》，载《管理学
报》2016 年第 1 期。

［114］杨希燕、童庆：《移民网络的贸易创造效应——基于出
口产品质量的视角》，载《国际商务研究》2018 年第 3 期。

［115］杨修、宋超、朱晓暄：《哪些文化因素影响了国家创新
力？——基于时空层次贝叶斯模型的估计》，载《中国软科学》
2017 年第 9 期。

［116］姚卓、罗瑾琏：《上海：构筑国际人才高地与吸引留学
人才》，载《中国人才》2003 年第 2 期。

［117］叶阿忠、林小伟、刘卓怡：《外商直接投资的技术进步

效应研究——基于半参数面板空间滞后模型》，载《软科学》2017年第 12 期。

[118] 叶文平、李新春、朱沆，等：《隐性制度规则：地区关系文化异质性与指数构建》，载《管理学季刊》2016年第 Z1 期。

[119] 衣长军、李赛、陈初昇：《海外华人网络是否有助于OFDI 逆向技术溢出?》，载《世界经济研究》2017年第 7 期。

[120] 于晓萍、常研：《2016 中国海归群体思想状况调查报告》，载《人民论坛》2017年第 3 期。

[121] 袁建国、后青松、程晨：《企业政治资源的诅咒效应——基于政治关联与企业技术创新的考察》，载《管理世界》2015年第 1 期。

[122] 张闯、徐佳、杜楠，等：《基于本土文化的营销渠道中私人关系对投机行为的影响研究》，载《管理学报》2016年第 7 期。

[123] 张国初、李文军：《中国科技人才外流的规模及其影响》，载《数量经济技术经济研究》2002年第 1 期。

[124] 张枢盛、陈继祥：《中国海归企业基于二元网络的组织学习与技术创新——一个跨案例研究》，载《科学学与科学技术管理》2014年第 1 期。

[125] 张信东、吴静：《海归高管能促进企业技术创新吗?》，载《科学学与科学技术管理》2016年第 1 期。

[126] 张云、赵富森：《国际技术溢出、吸收能力对高技术产业自主创新影响的研究》，载《财经研究》2017年第 3 期。

[127] 赵文、王娜：《二元网络背景下中国海归企业绩效提升路径研究——基于模糊集的定性比较分析》，载《科学学与科学技

术管理》2017 年第 5 期。

[128] 赵向阳、李海、ANDREAS，R：《创业活动的国家（地区）差异：文化与国家（地区）经济发展水平的交互作用》，载《管理世界》2012 年第 8 期。

[129] 赵向阳、李海、孙川：《中国区域文化地图："大一统"抑或"多元化"?》，载《管理世界》2015 年第 2 期。

[130] 赵永亮：《移民网络与贸易创造效应》，载《世界经济研究》2012 年第 5 期。

[131] 郑巧英、王辉耀、李正风：《全球科技人才流动形式、发展动态及对我国的启示》，载《科技进步与对策》2014 年第 13 期。

[132] 郑展鹏：《国际技术溢出渠道对我国技术创新影响的比较研究——基于省际面板数据模型的分析》，载《科研管理》2014 年第 4 期。

[133] 周旅军：《符号分层：私营企业主的政治嵌入模式及其地位认同差异——基于 1993—2012 年私营企业调查的实证研究》，载《社会发展研究》2016 年第 3 期。

[134] 周小宇、符国群、王锐：《关系导向战略与创新导向战略是相互替代还是互为补充——来自中国私营企业的证据》，载《南开管理评论》2016 年第 4 期。

[135] 周燕华、崔新健：《员工社会网络对外派适应的影响及文化距离的调节效应——基于中国跨国公司外派人员的实证研究》，载《河北经贸大学学报》2012 年第 5 期。

[136] 朱沆、ERIC，K、周影辉，《社会情感财富抑制了中国家族企业的创新投入吗?》，载《管理世界》2016 年第 3 期。

［137］朱沆、张威、何轩，等：《家族、市场化与创业企业关系网络的交易成本》，载《南开管理评论》2012 年第 5 期。

［138］朱晋伟、邹玲：《企业家精神对海归人员创业机会识别影响因素研究》，载《科技进步与对策》2016 年第 17 期。

［139］朱军文、李奕赢：《国外科技人才国际流动问题研究演进》，载《科学学研究》2016 年第 5 期。

［140］朱敏、许家云：《海外人才回流与 FDI 技术溢出——地区差异及影响因素的实证分析》，载《科学学研究》2013 年第 11 期。

［141］朱治理、温军、李晋：《海外并购、文化距离与技术创新》，载《当代经济科学》2016 年第 2 期。

［142］庄贵军：《关系在中国的文化内涵：管理学者的视角》，载《当代经济科学》2012 年第 1 期。

［143］Acquaah M. , Social Networking Relationships, Firm – Specific Managerial Experience and Firm Performance in a Transition Economy：A Comparative Analysis of Family Owned and Nonfamily Firms, *Strategic Management Journal*, 2012, 33 (10)：1215 – 1228.

［144］Adler P. S. , Social Capital：Prospects for a New Concept, *Academy of Management Review*, 2002, 27 (1)：17 – 40.

［145］Ahammad M. F. , Tarba S. Y. , Liu Y. , et al. , Knowledge Transfer and Cross – Border Acquisition Performance：The Impact of Cultural Distance and Employee Retention, *International Business Review*, 2014, 25 (1)：66 – 75.

［146］Ai J. , Guanxi Networks in China：its Importance and Future Trends, *China & World Economy*, 2006, 14 (5)：105 – 118.

[147] Akçomak S. , Weel B. T. , Social Capital, Innovation and Growth: Evidence From Europe, *European Economic Review*, 2009, 53 (5): 544 – 567.

[148] Almeida P. , Kogut B. , Localization of Knowledge and the Mobility of Engineers in Regional Networks, *Management Science*, 1999, 45 (7): 905 – 917.

[149] Artaltur A. , Ghoneim A. F. , Peridy N. , Proximity, Trade and Ethnic Networks of Migrants: Case Study for France and Egypt, *International Journal of Manpower*, 2015, 36 (4): 619 – 648.

[150] Artal – Tur A. , Pallardó – López V. J. , Requena – Silvente F. , The Trade – Enhancing Effect of Immigration Networks: New Evidence On the Role of Geographic Proximity, *Economics Letters*, 2012, 116 (3): 554 – 557.

[151] Aycan Z. , Expatriate Adjustment as a Multifaceted Phenomenon: Individual and Organizational Level Predictors, *International Journal of Human Resource Management*, 1997, 8: 434 – 456.

[152] Bai W. , Johanson M. , Martin O. , Knowledge and Internationalization of Returnee Entrepreneurial Firms, *International Business Review*, 2017, 26 (4): 652 – 665.

[153] Bai W. , Lind C. H. , Johanson M. , The Performance of International Returnee Ventures: The Role of Networking Capability and the Usefulness of International Business Knowledge, *Entrepreneurship & Regional Development*, 2016, 28 (10): 657 – 680.

[154] Barkema H. G. , Shenkar O. , Vermeulen F. , Working Abroad, Working with Others: How Firms Learn to Operate International-al Joint Ventures, *Academy of Management Journal*, 1997, 40 (2): 426 – 442.

[155] Barnard H. , Pendock C. , To Share Or Not to Share: The Role of Affect in Knowledge Sharing by Individuals in a Diaspora, *Journal of International Management*, 2013, 19 (1): 47 – 65.

[156] Bauer F. , Matzler K. , Wolf S. , M & a and Innovation: The Role of Integration and Cultural Differences—a Central European Targets Perspective, *International Business Review*, 2016, 25 (1): 76 – 86.

[157] Beine M. , Docquie, F. , Oden – Defoort, C. , A Panel Data Analysis of the Brain Gain, *World Development*, 2011, 39 (4): 523 – 532.

[158] Beine M. , Docquier F. , Rapoport, H. , Brain Drain and Economic Growth: Theory and Evidence, *Journal of Development Economics*, 2001, 64 (1): 275 – 289.

[159] Beine M. , Docquier F. , Rapoport H. , Brain Drain and Human Capital Formation in Developing Countries: Winners and Losers, *Economic Journal*, 2008, 118 (528): 631 – 652.

[160] Berggren N. , Elinder M. , Jordahl H. , Trust and Growth: A Shaky Relationship, *Empirical Economics*, 2008, 35 (2): 251 – 274.

[161] Berthelon M. , Freund C. , On the Conservation of Dis-

tance in International Trade, *Journal of International Economics*, 2008, 75 (2): 310 – 320.

[162] Bhagwati J. , Hamada K. , The Brain Drain, International Integration of Markets for Professionals and Unemployment : A Theoretical Analysis, *Journal of Development Economics*, 1974, 1 (1): 19 – 42.

[163] Black J. S. , Mendenhall M. , Oddou G. , Toward a Comprehensive Model of International Adjustment: An Integration of Multiple Theoretical Perspectives, *Academy of Management Review*, 1991, 16 (2): 291 – 317.

[164] Black J. S. , Work Role Transitions: A Study of American Expatriate Managers in Japan, *Journal of International Business Studies*, 1988, 19 (2): 277 – 294.

[165] Blalock G. , Gertler P. J. , Welfare Gains From Foreign Direct Investment through Technology Transfer to Local Suppliers, *Journal of International Economics*, 2008, 74 (2): 402 – 421.

[166] Blomqvist K. , Hurmelinna P. , Seppänen R. , Playing the Collaboration Game Right—Balancing Trust and Contracting, *Technovation*, 2005, 25 (5): 497 – 504.

[167] Bo B. N. , Gudergan S. , Exploration and Exploitation Fit and Performance in International Strategic Alliances, *International Business Review*, 2012, 21 (4): 558 – 574.

[168] Bond M. H. , Chi V. , Values and Moral Behavior in Mainland China, *Psychologia*, 1997, 40 (4): 251 – 264.

[169] Bourdie, P. , *Outline of a theory of practice*, Cambridge : Cambridge University Press, 1977: 158.

[170] Buckley P. J. , Clegg J. , Tan H. , Cultural Awareness in Knowledge Transfer to China-the Role of Guanxi and Mianzi, *Journal of World Business*, 2010, 41 (3): 275 – 288.

[171] Burns A. , Mohapatra S. , International Migration and Technological Progress, *World Bank Other Operational Studies*, 2008 (2): 1 – 6.

[172] Caselli F. , Coleman W. J. , Cross – Country Technology Diffusion: The Case of Computers, *American Economic Review*, 2001, 91 (2): 328 – 335.

[173] Chang Y. , Gong Y. , Peng M. W. , Expatriate Knowledge Transfer, Subsidiary Absorptive Capacity, and Subsidiary Performance, *Academy of Management Journal*, 2012, 55 (4): 927 – 948.

[174] Chang Y. , Smale A. , Expatriate Characteristics and the Stickiness of HRM Knowledge Transfers, *International Journal of Human Resource Management*, 2013, 24 (12): 2394 – 2410.

[175] Chen C. C. , Chen X. P. , Negative Externalities of Close Guanxi within Organizations, *Asia Pacific Journal of Management*, 2009, 26 (1): 37 – 53.

[176] Chen C. C. , Chen Y. R. , Xin K. , Guanxi Practices and Trust in Management: A Procedural Justice Perspective, *Organization Science*, 2004, 15 (2): 200 – 209.

[177] Chen G. , Kirkman B. L. , Kim K. , When Does Cross –

Cultural Motivation Enhance Expatriate Effectiveness? A Multilevel Investigation of the Moderating Roles of Subsidiary Support and Cultural Distance, *Academy of Management Journal*, 2010, 53 (5): 1110 – 1130.

［178］ Chen M. H. , Chang Y. Y. , Lee C. Y. , Creative Entrepreneurs' Guanxi Networks and Success: Information and Resource, *Journal of Business Research*, 2015, 68 (4): 900 – 905.

［179］ Chen X. P. , Chen C. C. , On the Intricacies of the Chinese Guanxi : A Process Model of Guanxi Development, *Asia Pacific Journal of Management*, 2004, 21 (3): 305 – 324.

［180］ Chen X. P. , Peng S. , Guanxi Dynamics: Shifts in the Closeness of Ties Between Chinese Coworkers, *Management & Organization Review*, 2008, 4 (1): 63 – 80.

［181］ Chen Y. C. , The Limits of Brain Circulation: Chinese Returnees and Technological Development in Beijing, *Pacific Affairs*, 2008, 81 (2): 195 – 215.

［182］ Chen Y. , et al. , Examining the Positive and Negative Effects of Guanxi Practices: A Multi – Level Analysis of Guanxi Practices and Procedural Justice Perceptions, Asia Pacific *Journal of Management*, 2011, 28 (4): 715 – 735.

［183］ Chen Z. , Huang Y. , Sternquist B. , Guanxi Practice and Chinese Buyer – Supplier Relationships: The Buyer's Perspective, *Industrial Marketing Management*, 2011, 40 (4): 569 – 580.

［184］ Choi S. G. , Johanson J. , Knowledge Translation through

Expatriates in International Knowledge Transfer, *International Business Review*, 2012, 21 (6): 1148 – 1157.

[185] Chua R. Y. J. , Roth Y. , Lemoine J. , The Impact of Culture on Creativity: How Cultural Tightness and Cultural Distance Affect Global Innovation Crowdsourcing Work, *Administrative Science Quarterly*, 2014, 60 (2): 189 – 227.

[186] Clark T. , Pugh D. S. , Foreign Country Priorities in the Internationalization Process: A Measure and an Exploratory Test On British Firms, *International Business Review*, 2001, 10 (3): 285 – 303.

[187] Coe D. T. , Helpman E. , International R&D spillovers, *European Economic Review*, 1995, 39 (5): 859 – 887.

[188] Colakoglu S. , Caligiuri P. , Cultural distance, expatriate staffing and subsidiary performance: The case of US subsidiaries of multinational corporations, *International Journal of Human Resource Management*, 2008, 19 (2): 223 – 239.

[189] Contiua L. C. , Gaborb M. R. , Stefanescuc D. , Hofstede's Cultural Dimensions and Student's Ability to Develop an Entrepreneurial Spirit, *Procedia – Social and Behavioral Sciences*, 2012, 46 (46): 5553 – 5557.

[190] Desmarchelier B. , Fang E. S. , National Culture and Innovation Diffusion. Exploratory Insights From Agent – Based Modeling, *Technological Forecasting & Social Change*, 2016, 105 (4): 121 – 128.

[191] Dheer R. J. S. , Entrepreneurship by Immigrants: A Review of Existing Literature and Directions for Future Research, *International Entrepreneurship & Management Journal*, 2018, 14 (3): 555 – 614.

[192] Docquier F. , Lodigiani E. , Skilled Migration and Business Networks, *Open Economies Review*, 2010, 21 (4): 565 – 588.

[193] Docquier F. , Lohest O. , Marfouk A. , Brain Drain in Developing Countries, *World Bank Economic Review*, 2007, 21 (2): 193 – 218.

[194] Docquier F. , Rapoport H. , Globalization, Brain Drain, and Development, *Journal of Economic Literature*, 2012, 50 (3): 681 – 730.

[195] Drogendijk R. , Slangen A. , Hofstede Schwartz, Or Managerial Perceptions? The Effects of Different Cultural Distance Measures On Establishment Mode Choices by Multinational Enterprises, *International Business Review*, 2006, 15 (4): 361 – 380.

[196] Dustmann C. , Fadlon I. , Weiss Y. , Return Migration, Human Capital Accumulation and the Brain Drain, *Journal of Development Economics*, 2011, 95 (1): 58 – 67.

[197] Efrat K. , The Direct and Indirect Impact of Culture On Innovation, *Technovation*, 2014, 34 (1): 12 – 20.

[198] Eggert W. , Krieger T. , Meier V. , Education, Unemployment and Migration, *Journal of Public Economics*, 2010, 94 (5): 354 – 362.

［199］ Ellis P. D. , Paths to Foreign Markets: Does Distance to Market Affect Firm Internationalisation, *International Business Review*, 2007, 16 (5): 573 –593.

［200］ Engelen A. , Schmidt S. , Strenger L. , et al. , Top Management's Transformational Leader Behaviors and Innovation Orientation: A Cross – Cultural Perspective in Eight Countries, *Journal of International Management*, 2014, 20 (2): 124 –136.

［201］ Erez M. , Nouri R. , Creativity: The Influence of Cultural, Social, and Work Contexts, *Management & Organization Review*, 2010, 6 (3): 351 –370.

［202］ Everdingen Y. M. V. , Waarts E. , The Effect of National Culture on the Adoption of Innovations, *Marketing Letters*, 2003, 14 (3): 217 –232.

［203］ Fang T. , A Critique of Hofstede's Fifth National Culture Dimension, *International Journal of Cross Cultural Management*, 2003, 3 (3): 347 –368.

［204］ Farh J. L. , Tsui A. S. , Xin K. , et al. , The influence of relational demography and Guanxi: The Chinese case, *Organization Science*, 1988, 9 (4): 471 –488.

［205］ Felbermayr G. J. , Jung B. , Toubal F. , Ethnic Networks, Information, and International Trade: Revisiting the Evidence, *Annals of Economics and Statistics*, 2010, 253: 41 –70.

［206］ Felbermayr G. J. , Toubal F. , Cultural Proximity and Trade, *European Economic Review*, 2010, 54 (2): 279 –293.

［207］Fernandes A. M. , Openness and Technological Innovations in Developing Countries: Evidence from Firm – Level Surveys, *Journal of Development Studies*, 2008, 44（5）: 701 – 727.

［208］Filatotchev I. , Liu X. , Buck T. , et al. , The Export Orientation and Export Performance of High – Technology SMEs in Emerging Markets: The Effects of Knowledge Transfer by Returnee Entrepreneurs, *Journal of International Business Studies*, 2009, 40（6）: 1005 – 1021.

［209］Finestone N. , Snyman R. , Corporate South Africa: Making Multicultural Knowledge Sharing Work, *Journal of Knowledge Management*, 2005, 9（9）: 128 – 141.

［210］Fransman M. , *Technology and economic development*, Westview Press, 1986: 394.

［211］Freeman C. , *The Economics of Industrial Innovation*, The MIT Press, 1982: 217.

［212］Fukuyama F. , *Trust: The Social Virtues and The Creation of Prosperity*, NY: Free Press, 1995: 426.

［213］Galasso A. , Simcoe T. S. , CEO Overconfidence and Innovation, *Management science*, 2011, 57（8）: 1469 – 1484.

［214］Gibson D. V. , Williams F. , *Technology transfer*, Newbury Park, 1990: 178.

［215］Girma S. , Yu Z. , The Link Between Immigration and Trade: Evidence From the United Kingdom, *Weltwirtschaftliches Archiv*, 2002, 138（1）: 115 – 130.

［216］Gómez – Mejia L. R. , Palich L. E. , Cultural Diversity and the Performance of Multinational Firms, *Journal of International Business Studies*, 1997, 28 （2）: 309 – 335.

［217］Goclowska M. A. , Damian R. I. , Mor S. , The Diversifying Experience Model: Taking a Broader Conceptual View of the Multiculturalism – Creativity Link, *Journal of Cross – Cultural Psychology*, 2012, 49 （2）: 303 – 322.

［218］Godart F. C. , Shipilov A. V. , Claes K. , Making the most of the revolving door: the impact of outward personnel mobility networks on organizational creativity, *Organization Science*, 2014, 25 （2）: 377 – 400.

［219］Gould D. M. , Immigrant Links to the Home Country: Empirical Implications for U. S. Bilateral Trade Flows, *Review of Economics & Statistics*, 1994, 76 （2）: 302 – 316.

［220］Granovetter M. S. , The Strength of Weak Ties, *American Journal of Sociology*, 1973, 78 （6）: 1360 – 1380.

［221］Grogger J. , Hanson G. H. , Income Maximization and the Selection and Sorting of International Migrants, *Journal of Development Economics*, 2011, 95 （1）: 42 – 57.

［222］Groot H. L. F. D. , Linders G. J. M. , Lankhuizen M. B. M. , The Trade – Off between Foreign Direct Investments and Exports: The Role of Multiple Dimensions of Distance, *World Economy*, 2011, 34 （8）: 1395 – 1416.

［223］Grubel H. G. , Scott A. D. , The International Flow of Human Capital: Reply, *American Economic Review*, 1968, 58 (3): 545 – 548.

[224] Gu F. F. , Hung K. , Tse D. K. , When Does Guanxi Matter: Issues of Capitalization and Its Dark Sides, *Journal of Marketing*, 2008, 72 (4): 12 – 28.

[225] Guiso L. , Sapienza P. , Zingales L. , Cultural Biases in Economic Exchange?, *Quarterly Journal of Economics*, 2009, 124 (3): 1095 – 1131.

[226] GumbauAlbert M. , Maudos J. , Patents, Technological Inputs and Spillovers Among Regions, *Applied Economics*, 2009, 41 (12): 1473 – 1486.

[227] Harvey W. S. , British and Indian Scientists Moving to the United States, *Work and Occupations*, 2011, 38 (1): 68 – 100.

[228] Hellmanzik C. , Schmitz M. , Virtual Proximity and Audiovisual Services Trade, *European Economic Review*, 2015, 77 (3): 82 – 101.

[229] Hofstede G. , Cultural Constraints in Management Theories, *Executive*, 1993, 7 (1): 81 – 94.

[230] Hofstede G. , *Culture's consequences: Comparing values, behaviors, institutions, and organizations across nations*, Thousand Oaks, CA: Sage, 2001: 212 – 386.

[231] Hofstede G. , Hofstede G. J. , Minkov M. , *Cultures and organizations: software of the mind*, London: McGraw – Hill UK, 2010: 167 – 356.

[232] Hottenrott H. , Peters B. , Innovative Capability and Financing Constraints for Innovation: More Money, More Innovation, *Review of Economics & Statistics*, 2011, 94 (4): 1 – 40.

[233] House R. , Javidan M. , Hanges P. , et al. , Understanding Cultures and Implicit Leadership Theories Across the Globe: An Introduction to Project GLOBE, *Journal of World Business*, 2002, 37 (1): 3 – 10.

[234] Hussain S. M. , Reversing the Brain Drain: Is It Beneficial, *World Development*, 2015, 67 (3): 310 – 322.

[235] Hwang K. , Face and Favor: The Chinese Power Game, *American Journal of Sociology*, 1987, 92 (4): 944 – 974.

[236] Jaffe A. B. , Real Effects of Academic Research, *American Economic Review*, 1989, 79 (5): 957 – 970.

[237] Jang Y. , Ko Y. , Kim S. Y. , Cultural Correlates of National Innovative Capacity: A Cross – National Analysis of National Culture and Innovation Rates, *Journal of Open Innovation Technology Market & Complexity*, 2016, 2 (4): 23.

[238] Javorcik B. S. , Çağlar Özden, Spatareanu M. , et al. , Migrant Networks and Foreign Direct Investment, *Journal of Development Economics*, 2011, 94 (2): 231 – 241.

[239] Kaasa A. , Vadi M. , How Does Culture Contribute to Innovation? Evidence From European Countries, *Economics of Innovation and New Technology*, 2010, 19 (7): 583 – 604.

[240] Kanbur R. , Rapoport H. , Migration Selectivity and the

Evolution of Spatial Inequality, *Journal of Economic Geography*, 2005, 5 (1): 43 –57.

[241] Kedia B. L. , Keller R. T. , Jullan S. D. , Dimensions of National Culture and the Productivity of R&D Units, *Journal of High Technology Management Research*, 1992, 3 (1): 1 –18.

[242] Keller, Wolfgang, International Technology Diffusion, *Journal of Economic Literature*, 2004, 42 (3): 752 –782.

[243] Kenney M. , Dan B. , Murphree M. , Coming Back Home After the Sun Rises: Returnee Entrepreneurs and Growth of High Tech Industries, *Research Policy*, 2013, 42 (2): 391 –407.

[244] Kerr W. R. , U. S. High – Skilled Immigration, Innovation, and Entrepreneurship: Empirical Approaches and Evidence, *Social Science Electronic Publishing*, 2013, 72: 1 –32.

[245] Kirkman B. L. , Lowe K. B. , Gibson C. B. , A Quarter Century of Culture's Consequences: A Review of Empirical Research Incorporating Hofstede's Cultural Values Framework, *Journal of International Business Studies*, 2006, 37 (3): 285 –320.

[246] Knack S. , Keefer P. , Does Social Capital Have an Economic Payoff: A Cross – Country Investigation, *Quarterly Journal of Economics*, 1997, 112 (4): 1251 –1288.

[247] Kogut B. , Singh H. , The Effect of National Culture on the Choice of Entry Mode, *Journal of International Business Studies*, 1988, 19 (3): 411 –432.

[248] Kokko A. , Tingvall P. G. , Distance, Transaction Costs,

and Preferences in European Trade, *International Trade Journal*, 2014, 28 (2): 87 – 120.

[249] Krammer S. M. S. , Drivers of National Innovation in Transition: Evidence from a Panel of Eastern European Countries, *Research Policy*, 2009, 38 (5): 845 – 860.

[250] Kwon S. W. , Arenius P. , Nations of Entrepreneurs: A Social Capital Perspective, *Journal of Business Venturing*, 2010, 25 (3): 315 – 330.

[251] Lankhuizen M. B. M. , Groot H. L. F. D. , Cultural Distance and International Trade: A Non – Linear Relationship, *Letters in Spatial & Resource Sciences*, 2016, 9 (1): 19 – 25.

[252] Lee J. , Network Effects on International Trade, *Economics Letters*, 2012, 116 (2): 199 – 201.

[253] Lehrer M. , Tylecote A. , Conesa E. , Corporate Governance, Innovation Systems and Industrial Performance, *Industry & Innovation*, 1999, 6 (1): 25 – 50.

[254] Le T. , "Brain Drain" or "Brain Circulation": Evidence From OECD's International Migration and R&D Spillovers, *Scottish Journal of Political Economy*, 2010, 55 (5): 618 – 636.

[255] Leung A. K. , Maddux W. W. , Galinsky A. D. , et al. , Multicultural Experience Enhances Creativity: The When and How, *American Psychologist*, 2008, 63 (3): 169.

[256] Leung A. K. Y. , Chiu C. , Interactive Effects of Multicultural Experiences and Openness to Experience on Creative Potential,

Creativity Research Journal, 2008, 20 (4): 376 – 382.

[257] LiangHung Lin, Effects of National Culture On Process Management and Technological Innovation, *Total Quality Management & Business Excellence*, 2009, 20 (12): 1287 – 1301.

[258] Li H. , Meng L. , Junsen Z. , Why Do Entrepreneurs Enter Politics? Evidence from China, *Economic Inquiry*, 2010, 44 (3): 559 – 578.

[259] Li H. , Zhang Y. , Li Y. , et al. , Returnees Versus Locals: Who Perform Better in China's Technology Entrepreneurship, *Strategic Entrepreneurship Journal*, 2012, 6 (3): 257 – 272.

[260] Li J. J. , Zhou K. Z. , Shao A. T. , Competitive Position, Managerial Ties, and Profitability of Foreign Firms in China: An Interactive Perspective, *Journal of International Business Studies*, 2009, 40 (2): 339 – 352.

[261] Lim H. , Park J. , The Effects of National Culture and Cosmopolitanism on Consumers' Adoption of Innovation: A Cross – Cultural Comparison, *Journal of International Consumer Marketing*, 2013, 25 (1): 16 – 28.

[262] Lin D. , Lu J. , Li P. P. , et al. , Balancing Formality and Informality in Business Exchanges as a Duality: A Comparative Case Study of Returnee and Local Entrepreneurs in China, *Management & Organization Review*, 2015, 11 (2): 315 – 342.

[263] Liu X. , Buck T. , Innovation Performance and Channels for International Technology Spillovers: Evidence From Chinese High –

Tech Industries, *Research Policy*, 2007, 36 (3): 355 – 366.

［264］Liu X. , Lu J. , Filatotchev I. , et al. , Returnee Entre-preneurs, Knowledge Spillovers and Innovation in High – Tech Firms in Emerging Economies, *Journal of International Business Studies*, 2010, 41 (7): 1183 – 1197.

［265］Liu X. , Wright M. , Filatotchev I. , et al. , Human Mob-ility and International Knowledge Spillovers: Evidence From High – Tech Small and Medium Enterprises in an Emerging Market, *Strategic Entrepreneurship Journal*, 2010, 4 (4): 340 – 355.

［266］Liu Y. , Almor T. , How Culture Influences the Way En-trepreneurs Deal with Uncertainty in Inter – Organizational Relation-ships: The Case of Returnee Versus Local Entrepreneurs in China, *In-ternational Business Review*, 2016, 25 (1): 4 – 14.

［267］Lovett S. , Simmons L. C. , Kali R. , Guanxi Versus the Market: Ethics and Efficiency, *Journal of International Business Stud-ies*, 1999, 30 (2): 231 – 247.

［268］Luo S. , Lovely M. E. , Popp D. , Intellectual Returnees as Drivers of Indigenous Innovation: Evidence From the Chinese Photo-voltaic Industry, *World Economy*, 2017, 40 (1): 1 – 31.

［269］Luo Y. , Huang Y. , Wang S. L. , Guanxi and Organiza-tional Performance: A Meta – Analysis, *Management and Organization Review*, 2012, 8 (1): 139 – 172.

［270］Madsen J. B. , Technology spillover through trade and TFP convergence: 135years of evidence for the OECD countries, *Journal of*

International Economics, 2007, 72 (2): 464 – 480.

［271］Martins E. C. , Terblanche F. , Building Organisational Culture that Stimulates Creativity and Innovation, *European Journal of Innovation Management*, 2003, 6 (1): 64 – 74.

［272］Marvel M. R. , Lumpkin G. T. , Technology entrepreneurs' human capital and its effects on innovation radicalness, *Entrepreneurship Theory & Practice*, 2007, 31 (6): 807 – 828.

［273］Maskus K. E. , *Encouraging international technology transfer*, International Centre for Trade and Sustainable Development Geneva, 2004: 197.

［274］McKenzie, D. , Rapoport, H. , Self – Selection Patterns in Mexico – Us Migration: The Role of Migration Networks, *Review of Economics & Statistics*, 2010, 92 (4): 811 – 821.

［275］Mcsweeney B. , Hofstede's Model of National Cultural Differences and their Consequences: A Triumph of Faith-a Failure of Analysis, *Human Relations*, 2002, 55 (1): 89 – 118.

［276］Mohammad F. A. , Keith G. , The double-edged effect of cultural distance on cross-border acquisition performance, *European Journal of International Management*, 2011, 5 (4): 327 – 345.

［277］More R. A. , Barriers to Innovation: Intraorganizational Dislocations, *Journal of Product Innovation Management*, 1985, 2 (3): 205 – 207.

［278］Morosini P. , Shane S. , Singh H. , National Cultural Distance and Cross – Border Acquisition Performance, *Journal of Interna-*

tional Business Studies, 1998, 29 (1): 137 – 158.

[279] Morris M. H., Avila R. A., Alien J., Individualism and the Modern Corporation: Implications for Innovation and Entrepreneurship, *Journal of Management*, 1993, 19 (3): 595 – 612.

[280] Morris M. W., Leung K., Creativity East and West: Perspectives and Parallels, *Management & Organization Review*, 2010, 6 (3): 313 – 327.

[281] Morris M. W., Podolny J., Sullivan B. N., Culture and Coworker Relations: Interpersonal Patterns in American, Chinese, German, and Spanish Divisions of a Global Retail Bank, *Organization Science*, 2008, 19 (4): 517 – 532.

[282] Mountford A., Can a Brain Drain be Good for Growth in the Source Economy, *Journal of Development Economics*, 1997, 53 (2): 287.

[283] Murat M., Out of Sight, Not Out of Mind, Education Networks and International Trade, *World Development*, 2014, 58 (3): 53 – 66.

[284] Nahapiet J., Ghoshal S., Social Capital, Intellectual Capital, and the Organizational Advantage, *Academy of Management Review*, 1998, 23 (2): 242 – 266.

[285] Nam D. I., Parboteeah K. P., Cullen J. B., et al., Cross – National Differences in Firms Undertaking Innovation Initiatives: An Application of Institutional Anomie Theory, *Journal of International Management*, 2014, 20 (2): 91 – 106.

[286] Nielsen B. B. , Gudergan S. , Exploration and exploitation fit and performance in international strategic alliances, *International Business Review*, 2012, 21 (4): 558 – 574.

[287] Nie R. , Zhong W. , Zhou M. , et al. , A Bittersweet Phenomenon: The Internal Structure, Functional Mechanism, and Effect of Guanxi On Firm Performance, *Industrial Marketing Management*, 2011, 40 (4): 540 – 549.

[288] Oddou G. , Szkudlarek B. , Osland J. S. , et al. , Repatriates as a Source of Competitive Advantage : How to Manage Knowledge Transfer, *Organizational Dynamics*, 2013, 42 (4): 257 – 266.

[289] Pan S. Y. , Changes and Challenges in the Flow of International Human Capital China's Experience, *Journal of Studies in International Education*, 2010, 14 (3): 259 – 288.

[290] Parameswaran M. , International Trade, R&D Spillovers and Productivity: Evidence from Indian Manufacturing Industry, *Journal of Development Studies*, 2009, 45 (8): 1249 – 1266.

[291] Pavett C. , Morris T. , Management Styles Within a Multinational Corporation: A Five Country Comparative Study, *Human Relations*, 1995, 48 (10): 1171 – 1191.

[292] Peng M. W. , Luo Y. , Managerial Ties and Firm Performance in a Transition Economy: The Nature of a Micro – Macro Link, *Academy of Management Journal*, 2000, 43 (3): 486 – 501.

[293] Pruthi S. , Social Ties and Venture Creation by Returnee Entrepreneurs, *International Business Review*, 2014, 23 (6): 1139 –

1152.

[294] Puia G. , Ofori – Dankwa J. , The Effects of National Culture and Ethno – Linguistic Diversity On Innovativeness, *Baltic Journal of Management*, 2013, 8 (3): 349 – 371.

[295] Putnam R. D. , Bowling alone: The collapse and revival of American community, *Journal of democracy*, 1905, 6 (1): 65 – 78.

[296] Qin F. , Wright M. , Gao J. , Are "Sea Turtles" Slower? Returnee Entrepreneurs, Venture Resources and Speed of Entrepreneurial Entry, *Journal of Business Venturing*, 2017, 32 (6): 694 – 706.

[297] Rauch J. E. , Business and Social Networks in International Trade, *Journal of Economic Literature*, 2001, 39 (4): 1177 – 1203.

[298] RaucJ. E. , Trindade V. , Ethnic Chinese Networks in International Trade, *Review of Economics and Statistics*, 2002, 84 (1): 116 – 130.

[299] Reus T. H. , Lamont B. T. , The Double – Edged Sword of Cultural Distance in International Acquisitions, *Journal of International Business Studies*, 2009, 40 (8): 1298 – 1316.

[300] Sarala R. M. , Vaara E. , Cultural Differences, Convergence, and Crossvergence as Explanations of Knowledge Transfer in International Acquisitions, *Journal of International Business Studies*, 2010, 41 (8): 1365 – 1390.

[301] Saravia N. G. , Miranda J. F. , Plumbing the Brain Drain, *Bulletin of the World Health Organization*, 2004, 82 (8): 608 – 615.

[302] Saxenian A. , Hsu J. , The Silicon Valley – Hsinchu Con-

nection: Technical Communities and Industrial Upgrading, *Industrial and Corporate Change*, 2001, 10 (4): 893 – 920.

[303] Saxenian A. L. , From Brain Drain to Brain Circulation: Transnational Communities and Regional Upgrading in India and China, *Studies in Comparative International Development*, 2005, 40 (2): 35 – 61.

[304] Schiff M. , Love Thy Neighbor: Trade, Migration, and Social Capital, *European Journal of Political Economy*, 2002, 18 (1): 87 – 107.

[305] Shaffer M. A. , Mapping the Criterion Space for Expatriate Success: Task-and Relationship – Based Performance, Effort and Adaptation, *International Journal of Human Resource Management*, 2005, 16 (8): 1454 – 1474.

[306] Shane S. , Cultural Influences On National Rates of Innovation, *Journal of Business Venturing*, 1993, 8 (1): 59 – 73.

[307] Shane S. , Venkataraman S. , The promise of entrepreneurship as a field of research, *Academy of Management Review*, 2000, 25 (1): 217 – 226.

[308] Shenkar O. , Cultural Distance Revisited: Towards a More Rigorous Conceptualization and Measurement of Cultural Differences, *Journal of International Business Studies*, 2001, 32 (3): 519 – 535.

[309] Shi Y. , Cheng M. , Impact of Political, Guanxi Ties On Corporate Value: Evidence From the Technology-Intensive Firms in China, *Chinese Management Studies*, 2016, 10 (2): 242 – 255.

［310］Siegel J. I. , Licht A. N. , Schwartz S. H. , Egalitarian-ism, Cultural Distance, and Foreign Direct Investment: A New Ap-proach, *Organization Science*, 2013, 24 （4）: 1174 – 1194.

［311］Simon H. A. , Rational Decision – Making in Business Or-ganizations, *American Economic Review*, 1979, 69 （4）: 493 – 513.

［312］Simonton D. K. , Foreign Influence and National Achieve-ment: The Impact of Open Milieus on Japanese Civilization, *Journal of Personality & Social Psychology*, 1997, 72 （1）: 86 – 94.

［313］Spulber D. F. , Innovation and International Trade in Tech-nology, *Journal of Economic Theory*, 2008, 138 （1）: 1 – 20.

［314］Steers R. M. , Meye, A. D. , Sanchez – Runde C. J. , Na-tional Culture and the Adoption of New Technologies, *Journal of World Business*, 2008, 43 （3）: 255 – 260.

［315］Tadesse B. , White R. , Does Cultural Distance Hinder Trade in Goods? A Comparative Study of Nine OECD Member Nations, *Open Economies Review*, 2010, 21 （2）: 237 – 261.

［316］Taylor M. Z. , Wilson S. , Does Culture Still Matter?: The Effects of Individualism On National Innovation Rates, *Journal of Busi-ness Venturing*, 2012, 27 （2）: 234 – 247.

［317］Tian F. , Brain circulation, diaspora and scientific pro-gress: A study of the international migration of Chinese scientists, 1998 – 2006, *Asian & Pacific Migration Journal*, 2016, 25 （3）: 296 – 319.

［318］Tsai W. , Ghoshal S. , Social Capital and Value Creation:

The Role of Intrafirm Networks, *Academy of Management Journal*, 1998, 41 (4): 464 – 476.

[319] Tsui A. S., Contributing to Global Management Knowledge: A Case for High Quality Indigenous Research, *Asia Pacific Journal of Management*, 2004, 21 (4): 491 – 513.

[320] Tung R. L., New Perspectives On Human Resource Management in a Global Context, *Journal of World Business*, 2016, 51 (1): 142 – 152.

[321] Tung R. L., Selection and Training of Personnel for Overseas Assignments, Columbia *Journal of World Business*, 1981, 16 (1): 68 – 78.

[322] Vianen A. E. M. V., Pater I. E. D., Johnson K. B. C., Fitting in: Surface-and Deep – Level Cultural Differences and Expatriates' Adjustment, *Academy of Management Journal*, 2004, 47 (5): 697 – 709.

[323] Vissa B., Chacar A. S., Leveraging Ties: The Contingent Value of Entrepreneurial Teams' External Advice Networks On Indian Software Venture Performance, *Strategic Management Journal*, 2009, 30 (11): 1179 – 1191.

[324] Voelpel S. C., Han Z., Managing knowledge sharing in China: the case of Siemens ShareNet, *Journal of Knowledge Management*, 2005, 9 (3): 51 – 63.

[325] Waarts E., Everdingen Y. V., The Influence of National Culture on the Adoption Status of Innovations: An Empirical Study of

Firms Across Europe, *European Management Journal*, 2005, 23 (6): 601 - 610.

[326] Walsh K. , Trade in Services: Does Gravity Hold, *Journal of World Trade*, 2007, 42 (2): 315 - 334.

[327] Walumbwa F. O. , Rethinking the issues of international technology transfer, *Journal of Technology Studies*, 1999, 25 (2): 51 - 54.

[328] Warren, D. E. , Dunfee, T. W. , Li, N. , "Social Exchange in China: The Double - Edged Sword of Guanxi", *Journal of Business Ethics*, 2004, 55 (4): 355 - 372.

[329] Woschke T. , Haase H. , Kratzer J. , Resource scarcity in SMEs: effects on incremental and radical innovations, *Management Research Review*, 2017, 40 (2): 195 - 217.

[330] Wright M. , Liu X. , Buck T. , et al. , Returnee Entrepreneurs, Science Park Location Choice and Performance: An Analysis of High - Technology SMEs in China, *Entrepreneurship Theory & Practice*, 2008, 32 (1): 131 - 155.

[331] Xiang B. , Shen W. , International Student Migration and Social Stratification in China, *International Journal of Educational Development*, 2009, 29 (5): 513 - 522.

[332] Xin K. R. , Pearce J. L. , Guanxi: Connections as Substitutes for Formal Institutional Support, *Academy of Management Journal*, 1996, 39 (6): 1641 - 1658.

[333] Yasuda T. , Firm Growth, Size, Age and Behavior in

Japanese Manufacturing, *Small Business Economics*, 2005, 24 (1): 1 - 15.

[334] Yaveroglu, I. S., Donthu, N., Cultural Influences On the Diffusion of New Products, *Journal of International Consumer Marketing*, 2002, 14 (4): 49 - 63.

[335] Zhang, M., Hartley, J. L., Guanxi, IT Systems, and Innovation Capability: The Moderating Role of Proactiveness, *Journal of Business Research*, 2018, 90: 75 - 86.

[336] Zhang Q., Fung H., China's social capital and financial performance of private enterprises, *Journal of Small Business & Enterprise Development*, 2006, 13 (2): 198 - 207.

[337] Zhang, Y., Zhang, Z., Guanxi and Organizational Dynamics in China: A Link Between Individual and Organizational Levels, *Journal of Business Ethics*, 2006, 67 (4): 375 - 392.

[338] Zhou, M., Intensification of Geo - Cultural Homophily in Global Trade: Evidence from the Gravity Model, *Social Science Research*, 2011, 40 (1): 193 - 209.

[339] Zhuang, G., Xi, Y., Tsang, A. S. L., Power, Conflict, and Cooperation: The impact of guanxi, in Chinese marketing channels, *Industrial Marketing Management*, 2010, 39 (1): 137 - 149.

[340] Zweig D., Chung S. F., Vanhonacker W., Rewards of technology: Explaining China's reverse migration, *Journal of International Migration and Integration*, 2006, 7 (4): 449 - 471.

后　记

　　本书以我的博士论文为主体修改而成。硕士期间，我开始接触人才学方面的课题，并以此为基础完成了硕士论文。2015 年读博后，我又发表了 5 篇有关人才学的论文，并完成了博士论文。毕业后，我成为一名大学教师，继续在人才学领域探索，陆续发表了 3 篇论文，并主持了校级课题、厅市级课题……人才学的研究伴随着我不断成长，在我的学术生涯中具有重要意义。

　　本书的出版，非常感谢我的工作单位绍兴文理学院和母校塔里木大学、华侨大学与对外经济贸易大学的培养和支持！本书的出版还受惠于很多老师和朋友。衷心感谢我的博士生老师牛雄鹰教授，牛老师学识渊博、精力充沛、治学严谨，对我教导有方、尽心尽力、谆谆不倦，在四年学术生涯中，我具备了为人民服务的科研意识，记录了近百篇会议备忘录，掌握了科学的研究范式，形成了良好的学术研究习惯。在跟随牛老师学习的过程中，我第一次全程参与了两次国家自科项目的申请并获得成功，第一次系统地进行外地调研活动，第一次参加管理学顶级会议，第一次参与企业指导活动……牛老师一次次开阔了我的视野，提高了我的研究技能，丰富了我的学习生活。同时，牛老师对我生活关怀备至，有力地缓解了我经济上的困难，是引领我走上高校讲台之路的启明星。我只有不断努力，才不辜负老师的期望。感谢我的校外合作导师林泽炎博士，林老师是人才战略研究中的专家，所提出的"继创者"概念社会影响很大，他率真、温和、博学，对我多次指导，为我做人、做学问点明了方向，拓宽了我的研究视野，坚定了我从事学术研究的信念。感谢我的副导师黄鸣鹏教授，黄老师学术造诣深厚，成就斐然，而且睿智、仁爱、热忱，每次与他交流都能获得启发。感谢我的博士后导师周鸿勇教授和胡立君教授，周老师秉承"厚德重道，经世济民"的院训，鼓励老师教学相长和师生知行合一，通过不断完善教学和科研制度引导，为学院创造了良好的教学和科研氛围，我是受益者之一。胡老师长期从事产业经济学的研究，在该领域取得了卓越的成绩，享誉国内外。胡老师为人谦和严谨，注重学生特长和兴趣的结合，指导人才学课题申请，拓宽了我未来的研究方向。感谢我的硕士导师张向前教授。张老师引领我进入科研之门，他谦恭厚德、博学笃行、严于律己，为我树立了良好的学习榜样，殷切叮嘱我执着、谦卑、节制，多读书、读好书，为我人才学的研究奠定了基础。

感谢丁志刚教授、吴磊教授、李生校教授、李小明老师、畅铁民教授、许钢祥教授、郑博阳老师、陶秋燕教授、刘玉新教授、王永贵教授、陈德球教授、郝旭光教授、马俊教授、林汉川教授、袁野老师、马婷婷老师、苗莉青老师、曾路教授、孙锐教授、郭东强教授、林峰教授、张华教授、晁伟鹏教授、王亮博士、李鑫伟博士、蔡萌博士、丁言乔博士、张芮博士、孟猛猛博士、王万军博士等！他们都是我教学和科研上的引路人，"滴水之恩，当涌泉相报"，在教学科研任重道远，我将继续探索，努力成为一名优秀的教师，为单位、为母校、为社会贡献一份力量。感谢经济科学出版社的支持和帮助，使得本书能够顺利交稿出版！

　　感谢我的家人，我的妻子，我的爷爷、奶奶、父亲、母亲、岳父、岳母，感谢他们给予我最温暖的、最坚定的支持，激励我不断成长。我将刻苦学习，努力工作，报答我的家人。

　　由于本人学术水平有限，疏漏和不足之处一定不少，敬请各位读者批评指正。

李春洁

2022 年 4 月 18 日于绍兴